フランス語 Début !

大場静枝　佐藤淳一　柴田まり子

SANSHUSHA

ナレーター紹介

ジリ・ヴァンソン
（Vincent GIRY）

俳優，マルチタレント．NHK教育『テレビでフランス語』プレゼンターや主題歌の作詞のほか，歌手やリポーターとしてもテレビ・映画など多方面で活躍中．今回も素敵なナレーションでみなさんをフランス語の世界へ導きます！

原 良枝
（Yoshie HARA）

フリーアナウンサー，朗読家．テレビ神奈川を経て，キャスターやパーソナリティ，各種シンポジウムのコーディネーターなどで活躍中．講演や執筆等も行い，関東学院大学講師を務める．今回も優しくみなさんのお手伝いをしてくれます！

はじめに

『フランス語 Début!』は，フランス語という舞台の入り口に立っているみなさんに，このことばをゆっくりと，そしてなによりもしっかりと身につけてもらえるよう，**"簡潔さ"と"わかりやすさ"をとことんまで追求**して作られた最初歩の参考書です．ぜひこの本で，ひとりでも多くの方にフランス語へのデビューを飾ってほしいと願っています．

まずはページをめくってみてください．**各レッスンで学ぶのはいつも１つのルール**です．文字の読みかた，語の形の変えかた，語順のきまりなど，基本的なことがらをもれなく取りあげています．しかも，たいせつなことは**大きな文字＋短いひと言**で解説されており，**付箋マーク内の公式**とあわせて，要点がひと目でわかるようになっています．

さらに，みなさんの学習を，**巻末の単語集と付録のCD**が強力にサポートします．巻末の単語集には，この本で使われている語句がすべて収められており，しかも**フランス語検定5級にも対応**しています．そしてCDでは，映画やドラマ，フランス語講座などでおなじみのジリ・ヴァンソン（Vincent GIRY）さんがフランス語で，フリーアナウンサーの原良枝さんが日本語で，みなさんのお手伝いをします．この**CDは，本なしでも利用できる**ようになっていますので，いつでも，どこでも，くり返し聴いてみてください．

また，巻頭やレッスンの合間には**写真入りのコラム**を設け，フランス語やフランス文化についてのトリビアも盛り込みました．どうぞ，ことばの理解とともにフランスへのあこがれを大いにふくらませてください．

さあ，もはや舞台の前でとまどうことはありません．いよいよみなさんも，この本とともにフランス語の世界へとデビューです！

著者一同

目次 Table des matières

はじめに *3*
本書の使い方 *6*

パリの風景　役に立つ表現 *8* ／パリの四季 *10* ／パリのお散歩 *14*

フランス語文法と練習問題

Leçon 1　アルファベ　Alphabet　アルファベとつづり字記号 *18*
Leçon 2　コーヒーを2つお願いします．Deux cafés, s'il vous plaît.　名詞の性と数 *20*
Leçon 3　こんにちは，お元気ですか？　Bonjour, comment allez-vous ?　発音の原則 I *22*
Leçon 4　ありがとう，お巡りさん．Merci, Monsieur l'agent.　職業を表す名詞 *24*
Leçon 5　日本人です．C'est un(une) Japonais(e).　国籍を表す名詞 *26*
Leçon 6　やあ，元気？　Salut, ça va ?　発音の原則 II *28*
Leçon 7　あそこにレストランがあります．Voilà un restaurant.　不定冠詞 *30*
Leçon 8　冷蔵庫に牛乳があります．Il y a du lait dans le frigo.　部分冠詞 *32*
Colonne　レストランで使う表現（数字） *34*
Leçon 9　すみません，お嬢さん．Pardon, Mademoiselle.　発音の原則 III *36*
Leçon 10　これはジャンの泊まっているホテルです．C'est l'hôtel de Jean.　定冠詞 *38*
Leçon 11　私は日本人です．Je suis japonais(e).　主語代名詞 *40*
Leçon 12　京都に住んでいます．J'habite à Kyoto.　-er動詞 *42*
Leçon 13　はじめまして！　Enchanté(e) !　発音の原則 IV *44*
Colonne　買い物の表現（色） *46*
Leçon 14　東京出身です．Je suis de Tokyo.　動詞 être I *48*
Leçon 15　私は学生です．Je suis étudiant(e).　動詞 être II *50*
Leçon 16　うれしいです．Je suis content(e).　主語に関わる形容詞 *52*
Leçon 17　アメリカ映画が好きです．J'aime les films américains.　名詞に関わる形容詞 I *54*
Leçon 18　フランスにはおいしいワインがあります．Il y a de bons vins en France.　名詞に関わる形容詞 II *56*
Leçon 19　おなかが空いています．J'ai faim.　動詞 avoir *58*
Leçon 20　暑いです．J'ai chaud.　avoirを使った熟語表現 *60*
Leçon 21　すみません，この席は空いていますか？　Pardon, cette place est libre ?　指示形容詞 *62*
Leçon 22　時間がありません．Je n'ai pas le temps.　否定文 I *64*
Leçon 23　もうパリに住んでいません．Je n'habite plus à Paris.　否定文 II *66*
Leçon 24　家にはもうチーズがありません．Il n'y a plus de fromage à la maison.　否定のde *68*
Leçon 25　私の誕生日は，9月20日です．Mon anniversaire, c'est le 20 septembre.　所有形容詞 *70*
Leçon 26　ジャンはいますか？　Est-ce que Jean est là ?　疑問文 I *72*
Leçon 27　コーヒー飲む？　— うん，飲むよ．Bois-tu du café ? – Oui, je bois du café.　疑問文に対する応答 I *74*
Leçon 28　あなたは日本人ですか？　Êtes-vous japonais ?　疑問文 II *76*

Leçon 29	地下鉄に乗らないの？ — うん，乗るよ．Tu ne prends pas le métro ? – Si, je prends le métro.	
	疑問文に対する応答 II	78
Leçon 30	今日はいい天気です．Il fait beau aujourd'hui. 天候の表現	80
Colonne	曜日の表現（曜日） 82	
Leçon 31	3時半です．Il est trois heures et demie. 時間の表現 I	84
Leçon 32	2時45分です．Il est trois heures moins le quart. 時間の表現 II	86
Leçon 33	服のサイズはいくつですか？ Quelle est votre taille ? 疑問形容詞 I	88
Leçon 34	おいくつですか？ — 20歳です．Quel âge avez-vous ? – J'ai vingt ans. 疑問形容詞 II	90
Leçon 35	パリに行きます．Je vais à Paris. 動詞 aller	92
Colonne	月日の表現（月） 94	
Leçon 36	オルセー美術館に行きます．Je vais au musée d'Orsay. 前置詞àと定冠詞 le, les の縮約	96
Leçon 37	東京から来ました．Je viens de Tokyo. 動詞 venir	98
Leçon 38	日本から来ました．Je viens du Japon. 前置詞deと定冠詞 le, les の縮約	100
Leçon 39	コンコルド広場はどこですか？ Où est la place de la Concorde ? 場所をたずねる疑問詞	102
Leçon 40	すぐに出発しなければなりません．Il faut partir tout de suite. il faut を使った表現	104
Leçon 41	いつ日本にご出発ですか？ Quand partez-vous pour le Japon ? 時をたずねる疑問詞	106
Leçon 42	私と一緒に来る？ Tu viens avec moi ? 代名詞強勢形	108
Leçon 43	私は30ユーロのコース料理を選びます．Je choisis le menu à trente euros. -ir 動詞	110
Leçon 44	私はできません．Je ne peux pas. 動詞 pouvoir	112
Leçon 45	お茶をいかが？ — はい，いただきます．Tu veux du thé ? – Oui, je veux bien. 動詞 vouloir	114
Leçon 46	何名さまですか？ Vous êtes combien ? 数量をたずねる疑問詞	116
Leçon 47	少し待ってください．Attendez un peu. 動詞の命令形 I	118
Leçon 48	ドアを閉めてちょうだい．Ferme la porte, s'il te plaît. 動詞の命令形 II	120
Leçon 49	その列車はパリに着くところです．Le train va arriver à Paris. 近い未来の表現	122
Leçon 50	その列車は出発したところです．Le train vient de partir. 近い過去の表現	124
Leçon 51	今夜，誰が来るのですか？ Qui vient ce soir ? 人をたずねる疑問詞	126
Leçon 52	飲物は何を召し上がりますか？ Que prenez-vous comme boisson ? ものをたずねる疑問詞	128
Leçon 53	ここで券を買わなければなりません．Vous devez acheter les billets ici. 動詞 devoir	130
Leçon 54	これはフランス語ではどう言いますか？ Comment est-ce qu'on dit ça en français ?	
	方法や様子をたずねる疑問詞	132
Leçon 55	君のデザートは私のデザートと同じくらいおいしいです．Ton dessert est aussi bon que mon dessert.	
	形容詞の比較表現	134
Leçon 56	もっとゆっくり話してください．Parlez plus lentement, s'il vous plaît. 副詞の比較表現	136
Leçon 57	私は早く寝ます．Je me couche tôt. 代名詞をともなう特殊な動詞	138
Leçon 58	なぜあなたはフランス語を学んでいるのですか？ Pourquoi apprenez-vous le français ?	
	理由をたずねる疑問詞	140

単語集　vocabulaire français-japonais

単語集　*144* ／ フランス語の数字（一覧）　*151*

本書の使い方

この本は，フランス語がはじめての方でもひとりで学べるよう工夫された入門参考書です．付属のCDには日本語も吹き込まれているので，本を見ながら発音を確認できるだけでなく，CDのみでも学べるようになっています（発音練習も設けています）．自宅では本とCDの両方を活用し，外出時にはCDの音声を聴いてフランス語を耳で覚えていきましょう．

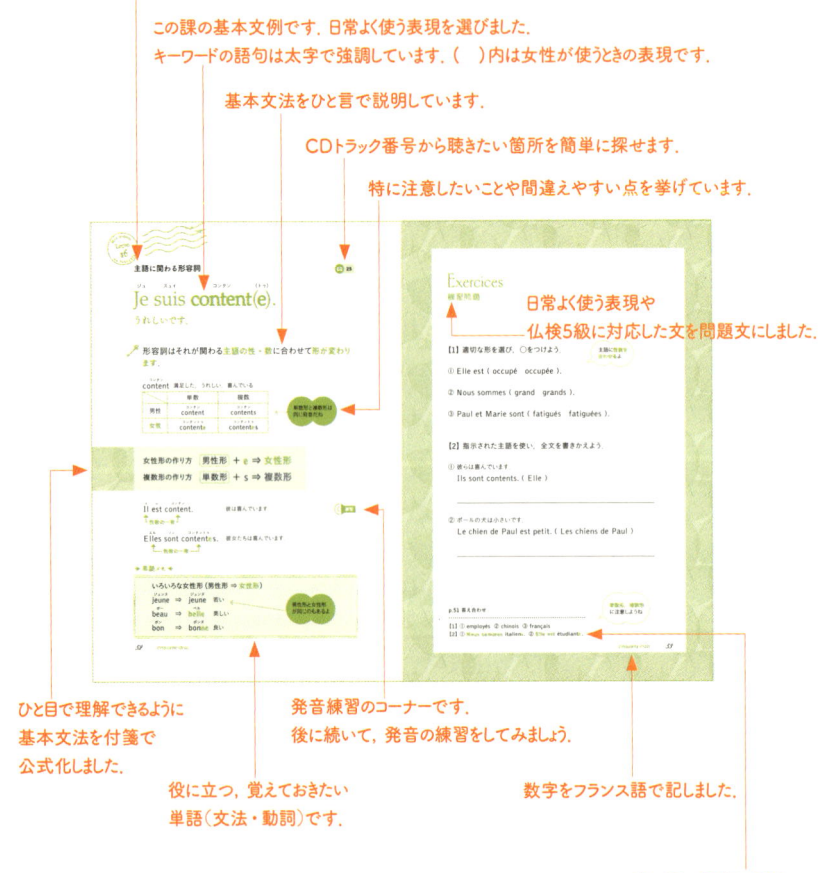

この課で学ぶ文法項目です．

この課の基本文例です．日常よく使う表現を選びました．
キーワードの語句は太字で強調しています．（　）内は女性が使うときの表現です．

基本文法をひと言で説明しています．

CDトラック番号から聴きたい箇所を簡単に探せます．

特に注意したいことや間違えやすい点を挙げています．

日常よく使う表現や
仏検5級に対応した文を問題文にしました．

ひと目で理解できるように
基本文法を付箋で
公式化しました．

発音練習のコーナーです．
後に続いて，発音の練習をしてみましょう．

役に立つ，覚えておきたい
単語（文法・動詞）です．

数字をフランス語で記しました．

前の課の解答を掲載しています．

Tableaux de Paris
パリの風景

Expressions utiles
役に立つ表現——フランスで使ってみよう！

あいさつ

Bonjour.（ボンジュール） おはよう，こんにちは．
Bonne journée.（ボンヌ ジュルネ） 良い一日を．
Au revoir.（オ ルヴォワール） さようなら．
Comment allez-vous ?（コマン タレ ヴ） お元気ですか？ ご機嫌いかがですか？
— **Je vais bien, merci.**（ジュ ヴェ ビヤン メルスィ） 元気です，ありがとう．

Bonsoir.（ボンソワール） こんばんは．
Bonne soirée.（ボンヌ ソワレ） 楽しい夜を．
Bonne nuit.（ボンヌ ニュイ） おやすみなさい．

お礼

Merci.（メルスィ） ありがとう．
C'est très gentil.（セ トレ ジャンティ） ご親切にどうも．
Je vous en prie.（ジュ ヴ ザン プリ） どういたしまして．

Merci beaucoup.（メルスィ ボクー） どうもありがとう．
De rien.（ドゥ リヤン） 何でもないです．

お詫び

Pardon.（パルドン） すみません．
Ce n'est rien.（ス ネ リヤン） 何でもないですよ．

Excusez-moi.（エクスキュゼ モワ） ごめんなさい．
Pas de problème.（パ ドゥ プロブレム） 問題ないですよ．

名前を言う

Comment vous appelez-vous ?（コマン ヴ ザプレ ヴ） あなたのお名前は何ですか？
— **Je m'appelle ...（名・姓）.**（ジュ マペール） 私の名前は〜です．

道を聞く

Pour aller à ... (場所), s'il vous plaît. 〜に行く道を教えてください．
プール アレ ア スィル ヴ プレ
Où est ... ? 〜はどこですか？
ウ エ
— Allez tout droit. まっすぐ行ってください．
アレ トゥ ドロワ
— Tournez à gauche (à droite). 左に (右に) 曲がってください．
トゥルネ ア ゴーシュ ア ドロワットゥ

お店にて

Qu'est-ce que vous désirez ? 何にいたしましょうか？
ケ ス ク ヴ デズィレ
— ... (品物), s'il vous plaît. 〜をお願いします．
スィル ヴ プレ
C'est combien ? いくらですか？
セ コンビヤン
— ... (数字) euro(s), s'il vous plaît. 〜ユーロいただきます．
ウーロ スィル ヴ プレ
L'addition, s'il vous plaît. (レストランで) お勘定をお願いします．
ラディスィオン スィル ヴ プレ
Un paquet-cadeau, s'il vous plaît. (店で) プレゼント包装をお願いします．
アン パケ カドー スィル ヴ プレ

その他

Ça va ? 大丈夫ですか？　**— Oui, ça va.** 大丈夫です．
サ ヴァ　　　　　　　　　　　　ウイ サ ヴァ
D'accord ? いいですか？　　**— Oui, d'accord.** はい，いいです．
ダコール　　　　　　　　　　　　ウイ ダコール
Bon appétit ! たっぷり召し上がれ！　**— Merci.** ありがとう．
ボン ナペティ　　　　　　　　　　　　　　メルスィ

Les quatre saisons de Paris
パリの四季

<ruby>Le printemps<rt>ル プランタン</rt></ruby>
春

1　5月のメーデーにスズランを売る少女
2　チョコレート屋さんのイースターエッグ
3　春はお花屋さんもひときわ華やか
4　バガテル公園のバラ園も満開！
5　メーデーのデモ隊はパリでもおなじみ

1 リュクサンブール公園は彫像がいっぱい
2 夏至の日だけの戸外音楽祭"音楽の祭日"
3 セーヌ河岸の人工浜辺パリ・プラージュ
4 夏季限定の水辺を楽しむパリ・プラージュ
5 夏の日射しを満喫するパリジェンヌたち

1

3

2

4

5

レテ
L'été
夏

1

2

ロトンヌ
L'automne
秋

3

4

5

1 リュクサンブール公園のポニー乗り場
2 秋の旬はやっぱりセップ茸
3 パリの秋は恋人たちの季節
4 モンマルトルに集う芸術家たち
5 11月はボージョレ・ヌーボー解禁！

L'hiver
リヴェール
冬

1 市庁舎前の冬期限定スケートリンク
2 本場のブッシュ・ド・ノエルはいかが？
3 冬空に映えるエッフェル塔ライトアップ
4 パリに雪?! いえ，冬を楽しむ演出です
5 ペール・ノエル，気をつけて！

1

2

3

4

5

treize 13

La promenade à Paris パリのお散歩

Le café et le restaurant
カフェやレストラン

1

2

4

3

5

6

7

La ville
街並み

8

9

10

1　キールを飲みつつお喋りは尽きず…
2　1830年創業の老舗デリ，自慢の前菜
3　「イスは通りの向きに」がパリ流
4　ヴォージュ広場の昔ながらのビストロ
5　シャンゼリゼ大通りのラデュレにて

6　自転車泥棒にご用心?!
7　戸外でチェスを楽しむ店主たち
8　閑静な住宅街が続く17区
9　モンマルトルの丘は階段だらけ
10　ツタの緑と石畳に映える外壁

quinze

Le marché et le magasin
マルシェ(市場)やお店

11

12

13

14

15

11 ホワイトアスパラガスとイチゴは量り売りで
12 アスパラガスとアーティチョークの並ぶ5月
13 蚤の市のお巡りさんはやさしい表情
14 粉引きの風車と水車がパン屋さんの店頭に
15 天然酵母のクロワッサン焼きたて!

seize

La grammaire française et les exercices

フランス語文法と練習問題

Leçon 1

アルファベとつづり字記号

Alphabet
アルファベ

アルファベット

> フランス語ではアルファベだよ！

🔑 フランス語のアルファベは英語と同じ26文字です．

母音字　　子音字

ア **A a**	ベ B b	セ C c	デ D d			
ウ **E e**	エフ F f	ジェ G g	アッシュ H h			
イ **I i**	ジ J j	カ K k	エル L l	エム M m	エヌ N n	
オ **O o**	ペ P p	キュ Q q	エール R r	エス S s	テ T t	
ユ **U u**	ヴェ V v	ドゥブルヴェ W w	イクス X x			
イグレック **Y y**	ゼッド Z z					

> GとJは英語と読み方が逆だね

🔑 他につづり字記号のついた文字があります．

é	: café（カフェ）	コーヒー，喫茶店
à è ù	: chou à la crème（シュー ア ラ クレーム）	シュークリーム
â ê î ô û	: hôtel（オテル）	ホテル
ë ï ü	: Noël（ノエル）	クリスマス
ç	: garçon（ガルソン）	男の子

dix-huit

Exercices 1
練習問題 1

【1】 自分の名前をアルファベで書いて，発音しよう．

例：エール イ エヌ ア　　エス アッシュ イ ベ ア テ ア
　　　Rina　　　　　SHIBATA

_____

> 名前のスペルは最初だけ大文字だけど，姓はみんな大文字で書くことが多いよ

【2】 6つの母音字を，大文字と小文字で書こう．

大文字（　　）（　　）（　　）（　　）（　　）（　　）

小文字（　　）（　　）（　　）（　　）（　　）（　　）

【3】 略語の読み方をカタカナで書こう．

例：RATP　パリ交通公団
　　　　エール ア テ ペ

① TGV　フランスの新幹線

_____

② BD　マンガ

_____

③ SNCF　フランス国有鉄道

_____

④ UE　欧州連合（EU）

_____

名詞の性と数

Deux cafés, s'il vous plaît.
ドゥ　カフェ　スィル　ヴ　プレ

コーヒーを2つお願いします．

🔑 名詞には**性**があり，**男性**か**女性**に分かれます．

男性名詞

homme 男の人 （オム）　　croissant クロワッサン （クロワッサン）　　livre 本 （リーヴル）

女性名詞

femme 女の人 （ファム）　　baguette フランスパン （バゲットゥ）　　revue 雑誌 （ルヴュ）

🔑 名詞には単数形と**複数形**があります．

複数形の作り方
単数形 ＋ s ⇒ 複数形

> 単数形と複数形は発音が同じだよ

単数形	homme（オム）	femme（ファム）	livre（リーヴル）
複数形	homme**s**（オム）	femme**s**（ファム）	livre**s**（リーヴル）

> 単数形と複数形が同じものもあるよ

➤ **単語メモ** ◄

いろいろな複数形（単数形⇒複数形）

gâteau ⇒ gâteaux お菓子 （ガトー⇒ガトー）
prix ⇒ prix 値段 （プリ⇒プリ）
bus ⇒ bus バス （ビュス⇒ビュス）

20　vingt

Exercices 2
練習問題 2

【1】 巻末の単語集 (p.143〜) を見て, 名詞を男性名詞と女性名詞に分けよう.

mouchoir　　père　　télévision　　mère

clef　　salade　　portable　　chien

男性名詞 (　　　　　　　　　　　　　　　　　　)

女性名詞 (　　　　　　　　　　　　　　　　　　)

【2】 単数形は複数形に, 複数形は単数形に書きかえよう.

① maison　　　→ (　　　　　　　　　　　)

② restaurants　→ (　　　　　　　　　　　)

③ hôtel　　　　→ (　　　　　　　　　　　)

> 何をつけると**複数形**になったかな？

---

p.19 答え合わせ

【2】大文字 (A) (E) (I) (O) (U) (Y)
　　小文字 (a) (e) (i) (o) (u) (y)
【3】① テ ジェ ヴェ　② ベ デ　③ エス エヌ セ エフ　④ ユ ウ

vingt et un

Leçon 3 — 発音の原則 I

発音の原則 II p.28, 同 III p.36, 同 IV p.44

 CD 06

Bonjour,
ボンジュール
comment allez-vous ?
コマン　タレ　ヴ

こんにちは，お元気ですか？

つづり字と発音

練習

* 単語の**最後の子音字**は発音しません．　　grand 大きい（グラン）

　　ただし，**c, r, f, l** が語末の場合は，発音することが多いです．　avec ～と一緒に（アヴェック）

* **語末のe**は発音しません．　amie 女友達（アミ）

* **h**は発音しません．　hôtel ホテル（オテル）

* **複数形のs**は発音しません．　leçons レッスン（ルソン）

> 英語のcarefulを
> ヒントに覚えてね

リエゾン（連音）

発音しない語末の子音字と，直後の**母音字**や**h**で始まる語を**つなげて発音**します．

例：C'est un ... これは～です．（セ タン）　　des hommes 男の人（デ ゾム）

> sはzの音で
> 続けるよ

アンシェヌマン（連読）

発音する語末の子音字（子音字＋e）と，直後の**母音字**や**h**で始まる語を**つなげて発音**します．

例：Il est ... 彼は～です．（イ レ）　　une amie 女友達（ユン ナミ）

vingt-deux

Exercices 3
練習問題 3

【1】 読み方をカタカナで書こう．

① (　　　　　　　　)　　② (　　　　　　　　　　)
　　　sac かばん　　　　　　　　avions 飛行機

③ (　　　　　　　　)　　④ (　　　　　　　　　　)
　　　mer 海　　　　　　　　　　lit ベッド

【2】 リエゾンやアンシェヌマンをして読み方をカタカナで書こう．

① (　　　　　　　　　　　　) これはホテルです．
　　　C'est un hôtel.

② (　　　　　　　　　　　　) 彼はパリにいます．
　　　Il est à Paris.

---

p.21 答え合わせ

【1】男性名詞 (mouchoir　père　portable　chien)
　　女性名詞 (télévision　mère　clef　salade)
【2】① maison**s** ② restaurant ③ hôtel**s**

複数形は一般に **s** で終わっていたね

vingt-trois　23

職業を表す名詞

Merci, Monsieur l'agent.
ありがとう，お巡りさん．

🔑 職業を表す名詞は**男性**と**女性**で**形が変わります**．

女性形の作り方
男性形 + e ⇒ 女性形

	学生	会社員
男性形	étudiant	employé
女性形	étudiant**e**	employé**e**

特殊な女性形の作り方
男性形語尾 ⇒ **女性形語尾**

er	⇒	**ère**	（例）	pâtissier	⇒	pâtiss**ière**	菓子職人
en	⇒	**enne**	（例）	musicien	⇒	musici**enne**	音楽家
eur	⇒	**euse**	（例）	chanteur	⇒	chant**euse**	歌手

➤ 単語メモ ◄

男女に使える職業名 （男女を問わずこの形を使うよ）

- journaliste 新聞記者
- professeur 教師
- médecin 医者
- agent de police 警官

Exercices 4
練習問題 4

【1】職業名をフランス語で書こう.

(特殊な女性形もあったね)

　　　　　　　　　　男の人　　　　　　　　女の人

① 学生　　　（　　　　　　）（　　　　　　　）

② 新聞記者　（　　　　　　）（　　　　　　　）

③ 歌手　　　（　　　　　　）（　　　　　　　）

【2】男性形は女性形に，女性形は男性形に書きかえよう.

① musicienne　→（　　　　　　　　　　）

② pâtissier　　→（　　　　　　　　　　）

---

p.23 答え合わせ

【1】① サック　② アヴィヨン　③ メール　④ リ
【2】読み方　① C'est un hôtel.（セ タン ノテル）　② Il est à Paris.（イレ タ パリ）

国籍を表す名詞

CD 09

C'est un(une) Japonais(e).
（セ タン テュンヌ ジャポネ ーズ）

日本人です．

🔑 国籍を表す名詞は，**男性**と**女性**で形が変わります．

女性形の作り方
男性形 + e ⇒ 女性形

> 職業を表す名詞（p.24）と一緒だね

ドイツ人

	単数	複数
男性	Allemand（アルマン）	Allemands（アルマン）
女性	Allemande（アルマンドゥ）	Allemandes（アルマンドゥ）

> 単数形と複数形の発音は同じだね

日本人

	単数	複数
男性	Japonais（ジャポネ）	Japonais（ジャポネ）
女性	Japonaise（ジャポネーズ）	Japonaises（ジャポネーズ）

⚠ ただし，単数形がsで終わっている名詞の複数形はそのままにします．

Exercices 5
練習問題 5

【1】国籍を表す名詞を，男性形と女性形に分けよう．

> 複数形もあるから気をつけてね

Américaines　　　Françaises　　　Canadien

Allemande　　　Japonais　　　Espagnols

男性形（　　　　　　　　　　　　　　　　　　　　）

女性形（　　　　　　　　　　　　　　　　　　　　）

【2】複数形を単数形に書きかえよう．

① Anglaises　→　（　　　　　　　　　　　）

② Japonais　→　（　　　　　　　　　　　）

③ Allemands　→　（　　　　　　　　　　　）

> 複数形でもいろいろあったよ

> 男女が同じ形の職業名もあったね

p.25 答え合わせ

【1】① étudiant, étudiante　② journaliste, journaliste　③ chanteur, chant**euse**
【2】① musicien　② pâtiss**ère**

vingt-sept

Leçon 6 発音の原則 II

発音の原則 I p.22, 同 III p.36, 同 IV p.44

Salut, ça va ?
サリュ　サ　ヴァ

やあ，元気？

単母音字の読み方

a à â	ア	アヴィヨン　ラ　アージュ avion 飛行機　là あそこ　âge 年齢
e （語末）	発音しない	ブリュイ pluie 雨
e （+子音字1つ+母音字）	ウ	プティ petit 小さい
e （上の2つ以外）	エ	ビエ billet 切符
é è ê ë	エ	エレーヴ　フェットゥ　ノエル élève 生徒　fête 祭り　Noël クリスマス
i î ï y	イ	フィルム　イル film 映画　île 島 マイス　スティロ maïs とうもろこし　stylo ペン
o ô	オ	ラディオ　アロー radio ラジオ　allô もしもし
u û	ユ	ビュス　スュール bus バス　sûr 確実な

eにつづり字記号がついた文字はエと発音するよ

エリジヨン（母音字省略）

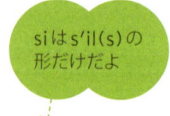

si は s'il(s) の形だけだよ

ジュ　ヌ　ル　ラ　ドゥ　ク　ス　ム　トゥ　ス　スィ
je, ne, le, la, de, que, ce, me, te, se, si に，**母音字**や**h**で始まる語が続くときは，末尾の **e, a, i** を **'**（アポストロフ）に変え，2語をつなげて発音します．

例：**Je** aime ... ⇒ **J'**aime ... 私は〜が好きです．
ジェーム

28　vingt-huit

Exercices 6
練習問題 6

【1】 下線部が同じ発音の語を結ぼう．

① No<u>ë</u>l　・　　　　　　・ all<u>ô</u>

② radi<u>o</u>　・　　　　　　・ <u>î</u>le

③ st<u>y</u>lo　・　　　　　　・ l<u>e</u>çon

④ p<u>e</u>tit　・　　　　　　・ f<u>ê</u>te

【2】 エリジヨンをして読み方を書こう．

> **h** も母音字と同じ扱いだから**エリジヨン**するよ

　　　　　　　　　エリジヨン　　　　読み方
例：je habite　→　j'habite　　　　ジャビットゥ

① le homme　→　(　　　　　)　(　　　　　)

② la enfant　→　(　　　　　)　(　　　　　)

③ ce est　　→　(　　　　　)　(　　　　　)

---

p.27 答え合わせ

【1】男性形（Canadien　Japonais　Espagnols）
　　 女性形（Américaines　Françaises　Allemande）
【2】① Anglaise　② Japonais　③ Allemand

不定冠詞

Voilà **un** restaurant.
(ヴォワラ　アン　レストラン)

あそこにレストランがあります．

🔑 不定冠詞は，**数えられる名詞の前**につけて，「あるひとつの〜」「いくつかの〜」を表します．

	単数形	複数形
男性名詞の前	un .... (アン)	des .... (デ)
女性名詞の前	une .... (ユヌ)	

> 複数形は男性も女性も同じ形だね

〈単数形〉　　　　　〈複数形〉

un lit　⇒　**des** lits　　ベッド
(アン リ)　　　(デ リ)

un ordinateur　⇒　**des** ordinateurs　　パソコン
(アン ノルディナトゥール)　　(デ ゾルディナトゥール)

une chambre　⇒　**des** chambres　　部屋
(ユヌ シャンブル)　　(デ シャンブル)

➤ 文法メモ ◂

voici ... ここに〜がある，これが〜だ
(ヴォワスィ)

Voici une montre. ここに腕時計があります．
(ヴォワスィ ユヌ モントル)

voilà ... あそこに〜がある，あれが〜だ
(ヴォワラ)

Voilà des ordinateurs. あそこにパソコンがあります．
(ヴォワラ デ ゾルディナトゥール)

Exercices 7
練習問題 7

【1】 巻末の単語集 (p.143〜) を見て, un, une, des のいずれかを記入しよう.

① (　　　) voiture　　② (　　　) lunettes

③ (　　　) taxi　　　 ④ (　　　) légumes

> 冠詞は**名詞の性数**に合わせよう

【2】 単数形は複数形に, 複数形は単数形にして全文を書きかえよう.

① Voici une clef.　　　ここに鍵があります.

_____

② Voilà des fruits.　　あそこに果物があります.

_____

p.29 答え合わせ

【1】① Noël / fête　② radio / allô　③ stylo / île　④ petit / leçon
　　　　ノエル　フェットゥ　　 ラディオ　アロー　 スティロ　イル　　プティ　ルソン
【2】① l'homme ロム　② l'enfant ランファン　③ c'est セ

trente et un　31

Leçon 8 部分冠詞

CD 13

イ リ ヤ デュ レ ダン ル フリゴ
Il y a **du** lait dans le frigo.

冷蔵庫に牛乳があります．

🔑 部分冠詞は，**数えられない名詞の前**につけて，「いくらかの量の〜」を表します．

	子音字で始まる語の前	母音字やhで始まる語の前
男性名詞の前	デュ **du**	ドゥ **de l'** ....
女性名詞の前	ドゥ ラ **de la**	

〈男性名詞〉　　　　　　〈女性名詞〉

デュ ポワッソン　　　　　　　ドゥ ラ ヴィアンドゥ
du poisson　魚　　　**de la** viande　肉

ドゥ ラルジャン　　　　　　　ドゥ ロー
de l'argent　お金　　**de l'**eau　水

部分冠詞は，抽象名詞にもつきます．

デュ クラージュ　　　　　　　ドゥ ラ パスィアンス
du courage　勇気　　**de la** patience　忍耐

➤ 文法メモ ◄

イ リ ヤ
il y a ...　〜がある
イ リ ヤ デュ パン スュール ラ ターブル
Il y a **du** pain sur la table.　テーブルの上にパンがあります．

【場所の表現】
スュール　　　　　　　　　ダン　　　　　　　　　　ス
sur ...　〜の上に　　dans ...　〜の中に　　sous ...　〜の下に

Exercices 8
練習問題 8

【1】巻末の単語集 (p.143〜) を見て，du, de la, de l' のいずれかを入れよう．

> 母音字や h には注意しようね

① (　　　) argent　　② (　　　) huile

③ (　　　) fromage　　④ (　　　) confiture

【2】フランス語と日本語を結ぼう．

① de la bière　　・　　　　・紅茶

② du riz　　　　・　　　　・ご飯

③ du thé　　　　・　　　　・ビール

> 冠詞も形を変えるのを忘れないでね

p.31 答え合わせ

【1】① une　② des　③ un　④ des
【2】① Voici **des** clefs.　② Voilà **un** fruit.

trente-trois

RESTAURANTS
レストラン

フランスのレストランでは，「前菜 l'entrée ＋メイン le plat ＋デザート le dessert」の3皿からなるコース料理 le menu を頼むと，リーズナブルです．とは言え，コース料理は1時間半〜2時間くらいかかりますので，お昼はエクスプレスランチセット la formule express du midi を頼むとよいでしょう．これは，「オードブル＋メイン」または「メイン＋デザート」の2皿のセットです．コース料理でもエクスプレスランチセットでも，それぞれ数品から好きなものを選ぶことができます．

レストランで使う表現

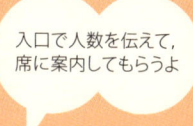

入口で人数を伝えて，席に案内してもらうよ

ボンジュール　ボンソワール　　ヌ　　ソム　　ドゥ
Bonjour（Bonsoir）, nous sommes deux.
こんにちは（こんばんは），私たちは2人です．

先に「何名さまですか？」
Vous êtes combien ?
と聞かれることもあるよ
（p.116）

ドゥ　　　ムニュ　ア　ヴァン　　　トゥーロ　スィル　ヴ　プレ
Deux* menus à vingt** euros, s'il vous plaît.
20ユーロのコース（料理）を2人分お願いします．
（*はコースの数）（**はコースの値段）

レ　シッフル
Les chiffres　数字　　　※21以上の数字はp.151を参照

	アン ユンヌ		ドゥ		トロワ		カトル
1	un / une	2	deux	3	trois	4	quatre
	サンク		スィス		セット		ユイット
5	cinq	6	six	7	sept	8	huit
	ヌフ		ディス		オーンズ		ドゥーズ
9	neuf	10	dix	11	onze	12	douze
	トレーズ		カトールズ		カーンズ		セーズ
13	treize	14	quatorze	15	quinze	16	seize
	ディセット		ディズュイット		ディズヌフ		ヴァン
17	dix-sept	18	dix-huit	19	dix-neuf	20	vingt

trente-cinq

Leçon 9 発音の原則 III

発音の原則 I p.22, 同 II p.28, 同 IV p.44

Pardon, Mademoiselle.
パルドン　マドゥモワゼル

すみません，お嬢さん．

複母音字の読み方　2つ以上の母音字

2つ以上の母音字でも**1つの発音**になります．

ai aî ei	エ	maison 家 （メゾン）　air 空気 （エール）　neige 雪 （ネージュ）	
au eau	オ	aussi ～もまた （オスィ）　eau 水 （オー）	
eu œu	ウ	bleu 青 （ブル）　œuf 卵 （ウフ）	
ou où oû	ウ	vous あなた （ヴ）　où どこ （ウ）	
oi oî	(オ)ワ	croissant クロワッサン （クロワッサン）　boîte 箱 （ボワットゥ）	

鼻母音の読み方　母音字 + m, n

鼻に抜けるフランス語独特の発音です．

an am en em	アン（オンに近く聞こえます）

enfant 子ども （アンファン）　ensemble 一緒に （アンサンブル）

in im yn ym ain aim ein eim un um	アン

vin ワイン （ヴァン）　pain パン （パン）　parfum 香水 （パルファン）

on om	オン

bon 良い （ボン）　nom 名前 （ノン）

単独で呼びかけに使うこともあるよ

➔ 単語メモ ◆

Monsieur （ムッスィュ）	（男性に対する敬称）～さん，～氏
Madame （マダム）	（既婚女性に対する敬称）～さん，～夫人
Mademoiselle （マドゥモワゼル）	（未婚女性に対する敬称）～さん，～嬢

Exercices 9
練習問題 9

【1】 下線部が同じ発音の語を結ぼう．

① ens<u>em</u>ble ・　　　　　　・ <u>ai</u>r

② <u>eau</u>　　　・　　　　　　・ n<u>o</u>m

③ b<u>on</u>　　　・　　　　　　・ enf<u>a</u>nt

④ n<u>ei</u>ge　　・　　　　　　・ <u>au</u>ssi

> 2つ以上の母音字があっても，1つの音だよ

【2】 読み方をカタカナで書こう．

① (　　　　　　)　　　② (　　　　　　)
　　　non いいえ　　　　　　ou または

③ (　　　　　　)　　　④ (　　　　　　)
　　　voilà あそこに〜がある　　beau 美しい

> 単語を覚えるときは必ず**性**も覚えよう

p.33 答え合わせ

【1】① de l'　② de l'　③ du　④ de la
【2】① ビール　② ご飯　③ 紅茶

trente-sept　37

Leçon 10 定冠詞

C'est l'hôtel de Jean.
セ　ロテル　ドゥ　ジャン

これはジャンの泊まっているホテルです．

🔑 定冠詞は，**名詞の前**につけて①**人やものを限定**したり，
②**人やものの総称（〜というもの）を表します**．

	単数形	複数形
男性名詞の前	**le** (l') ········ ル	**les** ········ レ
女性名詞の前	**la** (l') ········ ラ	

> 母音字やhの前ではle, laがl'になるよ

〈単数形〉　　　　　〈複数形〉

le cahier　⇒　**les** cahiers　ノート
ル　カイエ　　　　　レ　カイエ

l'école　⇒　**les** écoles　学校
レコール　　　　　レ　ゼコール

　　　　　不定冠詞　　　　　　定冠詞　　限定
　　　　　　↓　　　　　　　　　↓
① 限定：C'est une maison. ⇒ C'est **la** maison **de Paul**.
　　　　セ　テュンヌ　メゾン　　　セ　ラ　メゾン　ドゥ　ポール
　　　　これは家です．　　　　　　これはポールの家です．

② 総称：**La** musique, c'est un plaisir.
　　　　ラ　ミュズィック　セ　タン　プレズィール
　　　　音楽というもの，それはひとつの喜びです．

➤ 文法メモ ◀

---

c'est ＋ 単数名詞　　これは（それは，あれは）〜だ
セ
C'est la robe de Marie.　　これはマリーのドレスです．
セ　ラ　ローブ　ドゥ　マリ

ce sont ＋ 複数名詞　これらは（それらは，あれらは）〜だ
ス　ソン
Ce sont les robes de Marie.　これらはマリーのドレスです．
ス　ソン　レ　ローブ　ドゥ　マリ

Exercices 10
練習問題 10

【1】 巻末の単語集(p.143〜)を見て、**le, la, l', les** のいずれかを記入しよう。

① (　　　) Japon　　② (　　　) enfants

③ (　　　) France　　④ (　　　) hôtel

> 冠詞は**名詞の性数**に合わせよう。国名にも性別があるよ

【2】 単数形は複数形に、複数形は単数形にして全文を書きかえよう。

① C'est la cravate de Louis.　　これはルイのネクタイです。

_____

② Ce sont les enfants de Sylvie.
　　　　　　　　　　　この子たちはシルヴィーの子どもたちです。

_____

> いろいろと書きかえないといけないね

---

p.37 答え合わせ

【1】① ensemble / enfant　② eau / aussi　③ bon / nom　④ neige / air
　　　　（アンサンブル / アンファン）（オー / オスィ）（ボン / ノン）（ネージュ / エール）
【2】① ノン　② ウ　③ ヴォワラ　④ ボー

trente-neuf　39

Leçon II 主語代名詞

Je suis japonais(e).
ジュ スュイ ジャポネ (ーズ)

私は日本人です．

🔑 **主語**になる代名詞です．

> 母音字やhの前ではjeがj'になるよ

je (j') 私は ジュ	**nous** 私たちは ヌ
tu 君は テュ （家族，友人，年下の人に対して）	**vous** あなたは ヴ （初対面，目上の人に対して） 君たちは あなたたちは
il 彼は，それは イル **elle** 彼女は，それは エル **on** 人は，私たちは オン	**ils** 彼らは，それらは イル **elles** 彼女たちは，それらは エル

il / ils：人でもものでも，**男性名詞**の代わりに使います．
le pantalon スボン ⇒ il les pantalons ⇒ ils
ル パンタロン   イル   レ パンタロン   イル

elle / elles：人でもものでも，**女性名詞**の代わりに使います．
la jupe スカート ⇒ elle les jupes ⇒ elles
ラ ジュップ   エル   レ ジュップ   エル

➤ **文法メモ** ◄

> ils は男性名詞だけでなく，男性名詞と女性名詞が一緒の場合にも使います．　例：Paul + Éric ⇒ ils ／ Paul + Marie ⇒ ils
> ポール エリック イル ポール マリ イル
> 男性 + 男性 ⇒ ils ／ 男性 + 女性 ⇒ ils
> イル イル

Exercices 11
練習問題 11

> 親しい相手を呼ぶときと，そうでないときは区別したね

【1】 主語代名詞を入れよう．

① それらは （　　　　　）　　② 君は　　（　　　　　）

③ 彼らは　（　　　　　）　　④ 君たちは（　　　　　）

⑤ 私は　　（　　　　　）　　⑥ あなたは（　　　　　）

【2】 主語代名詞に書きかえよう．

① Anne　　　　　　　（　　　　　）

② le livre de Léa　　（　　　　　）

③ les portes　　　　（　　　　　）

> 名詞の性数に注意してね

④ Anne et Louis　　（　　　　　）

> C'estの後は単数形，Ce sontの後は複数形だね

p.39 答え合わせ

【1】① le　② les　③ la　④ l'
【2】① **Ce sont les cravates** de Louis.
　　② **C'est l'enfant** de Sylvie.

quarante et un

Leçon 12

-er動詞

CD 19

J'habite à Kyoto.
（ジャビッ タ キョート）

京都に住んでいます．

🔑 原形の語尾が **-er** で終わる動詞（-er動詞）の変化は，**最後のerを取り**，主語ごとに決まった**語尾**を加えます．

変わらない部分 ─ 変わる部分
parl｜er　話す
（バル）（レ）

各主語の語尾

je -e	（ジュ）（無音）	je parle	（ジュ）（パルル）
tu -es	（テュ）（無音）	tu parles	（テュ）（パルル）
il -e	（イル）（無音）	il parle	（イル）（パルル）
elle -e	（エル）（無音）	elle parle	（エル）（パルル）

各主語の語尾

nous -ons	（ヌ）（オン）	nous parlons	（ヌ）（パルロン）
vous -ez	（ヴ）（エ）	vous parlez	（ヴ）（パルレ）
ils -ent	（イル）（無音）	ils parlent	（イル）（パルル）
elles -ent	（エル）（無音）	elles parlent	（エル）（パルル）

> nousとvousのときは違う発音だよ

> 主語がonのときはこの形を使うよ

Je parle français et anglais.
（ジュ パルル フランセ エ アングレ）
私はフランス語と英語を話します．

▶ 単語メモ ◀

同じ語尾変化をする -er動詞

- aimer （エメ）　好き
- habiter （アビテ）　住む
- regarder （ルガルデ）　見る
- écouter （エクテ）　聞く

> 母音字やhの前ではjeがj'になるね

Exercices 12
練習問題 12

活用語尾は覚えたかな？

【1】適切な形を選び，○をつけよう．

① Vous (habite habitez habitons) à Paris ?

② Elle (écoutons écoutent écoute) un CD.

③ Anne et Louis (aiment aimes aime) le sport.

【2】指示された主語を使い，全文を書きかえよう．

① Nous regardons la télévision. (Je)
　私たちはテレビを見ています．

　_____

② Elles travaillent dans un café. (On)
　彼女たちはカフェで働いています．

　_____

p.41 答え合わせ

【1】① ils / elles ② tu ③ ils ④ vous ⑤ je ⑥ vous
【2】① elle ② il ③ elles ④ ils

quarante-trois　43

Leçon 13 発音の原則 IV

発音の原則 I p.22, 同 II p.28, 同 III p.36

Enchanté(e) !
アンシャンテ
はじめまして！

注意すべき子音字の読み方

c + a, o, u	カ行の発音です．（キャ行になることも）	コカ coca コーラ	キュイズィーヌ cuisine 料理
c + e, i, y	サ行の発音です．	スィ ceci これ	スィクル cycle 周期
ç + a, o, u	サ行の発音です．	サ ça それ	ルソン leçon レッスン
g + a, o, u	ガ行の発音です．（ギャ行になることも）	ガール gare 駅	ゴム gomme 消しゴム
g + e, i, y	ジャ行の発音です．	アージュ âge 年齢	ジレ gilet ベスト	ジム gym 体操
ch	シャ行の発音です．	シャ chat 猫	ショコラ chocolat チョコレート
gn	ニャ行の発音です．	カンパーニュ campagne 田舎	エスパニョル espagnol スペイン語
ph	ファ行の発音です．	テレフォンヌ téléphone 電話	ファルマスィ pharmacie 薬局

母音字 + s + 母音字　s が母音字にはさまれるとザ行になります．

ミュゼ　　　　　　　セゾン
musée 美術館　　saison 季節

Exercices 13
練習問題 13

CD 21

【1】下線部が同じ発音の語を結ぼう．

① âge   ・   ・ garçon

② café   ・   ・ fête

③ sac   ・   ・ neige

④ téléphone   ・   ・ coca

【2】読み方をカタカナで書こう．

① (　　　　　)　　　　② (　　　　　)
　　　chance 幸運　　　　　　montagne 山

③ (　　　　　)　　　　④ (　　　　　)
　　　maison 家　　　　　　　encore また

---

p.43 答え合わせ

【1】① habitez ② écoute ③ aiment
【2】② **Je regarde** la télévision. ② **On travaille** dans un café.

SOUVENIRS DE FRANCE
スヴニール　ドゥ　フランス
フランスのお土産

フランスのお土産といえば，チョコレートle chocolat，紅茶le thé，ワインle vin，お菓子les gâteaux（マカロンles macarons，クッキーles biscuits）の他に，ジャムla confitureやフォワ・グラle foie grasの缶詰もお勧めです．パリにあるデパートle grand magasinのひとつ，左岸la Rive Gaucheにあるボン・マルシェle Bon Marchéの食品館la Grande Epicerie de Parisでは，日本でお目にかかれない，さまざまな食材を見つけることができます．

買い物の表現

> 名詞の性数に合わせて変化するね

アヴェ ヴ デ ヴェストゥ ブランシュ
Avez-vous des vestes blanches ?
白いジャケットはありますか？

> voudraisは，vouloir「〜が欲しい」(p.114)の丁寧な表現だよ

ジュ ヴドレ ス サック ブラン
Je voudrais ce sac brun.
この茶色のバッグが欲しいのですが．

アン バケ カドー スィル ヴ プレ
Un paquet-cadeau, s'il vous plaît.
プレゼント包装をお願いします．

Les couleurs 色

黒い noir(e)	白い blanc(blanche)	赤い rouge
黄色の jaune	青い bleu(e)	緑色の vert(verte)
ピンク色の rose	茶色の brun(brune)	

（ ）内は女性形

quarante-sept

Leçon 14 — Mes débuts en français

動詞 être I

Je **suis** de Tokyo.
ジュ スュイ ドゥ トーキョー

東京出身です．

🔑 エートル
être は不規則に変化します．

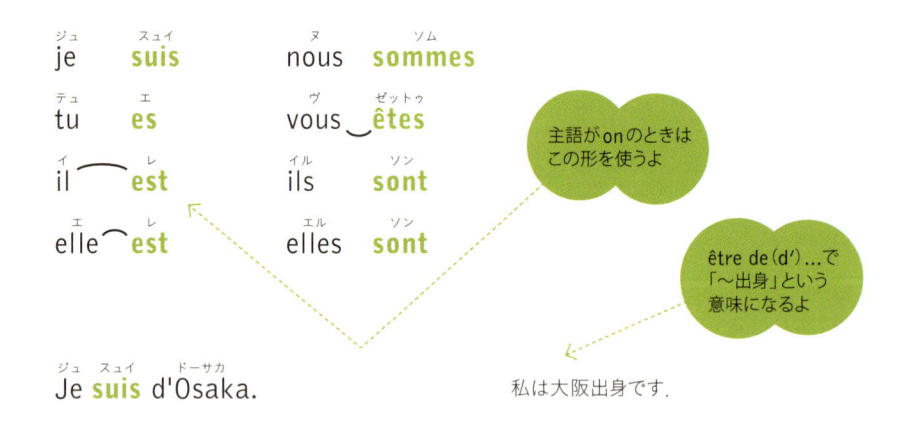

être いる，ある，〜である

je (ジュ)	**suis** (スュイ)	nous (ヌ)	**sommes** (ソム)
tu (テュ)	**es** (エ)	vous (ヴ)	**êtes** (ゼットゥ)
il (イル)	**est** (レ)	ils (イル)	**sont** (ソン)
elle (エル)	**est** (レ)	elles (エル)	**sont** (ソン)

> 主語がonのときはこの形を使うよ

> être de (d')…で「〜出身」という意味になるよ

Je **suis** d'Osaka.　　私は大阪出身です．
ジュ スュイ ドーサカ

Maintenant, je **suis** à Paris.　　今，パリにいます．
マントゥナン ジュ スュイ ザ パリ

Le chat de Luc **est** sous la chaise.　　リュックの猫はイスの下にいます．
ル シャ ドゥ リュック エ ス ラ シェーズ

Exercices 14
練習問題 14

【1】êtreを適切な形にして記入しよう．

① elle （　　　　　　　）　② vous （　　　　　　　　　）

③ tu （　　　　　　　）　④ ils （　　　　　　　　　）

⑤ je （　　　　　　　）　⑥ nous （　　　　　　　　　）

【2】語を並べかえて文を作ろう．

① 今，大阪にいます．
　　je　Osaka　suis　Maintenant,　à

_____ .

② 彼女はパリ出身です．
　　de　Elle　Paris　est

_____ .

p.45 答え合わせ

【1】① âge / neige　② café / coca　③ sac / garçon　④ téléphone / fête
【2】① シャンス　② モンターニュ　③ メゾン　④ アンコール

quarante-neuf

Leçon 15 — 動詞 être II

Je **suis** étudiant(e).
ジュ スュイ ゼテュディアン (トゥ)

私は学生です．

🔑 être（エートル）の後に**職業**・**国籍**を表す名詞がくるとき，冠詞はつけません．
（職業はp.24，国籍はp.26-27を参照）

主語 + **être** + 職業 ← 主語の性数に合わせよう

Il **est** étudiant.
イ レ テテュディアン
彼は学生です．
↑性数の一致↑

← 冠詞 un はつけないよ

Ils **sont** étudiants.
イル ソン テテュディアン
彼らは学生です．
↑性数の一致↑

主語 + **être** + 国籍 ← 「私は〜人です」というときは，小文字で始めるよ

Je **suis** japonais.
ジュ スュイ ジャポネ
私（男）は日本人です．
↑性数の一致↑

Je **suis** japonais**e**.
ジュ スュイ ジャポネーズ
私（**女**）は日本人です．
↑性数の一致↑

← 発音も変わるから注意だよ

Exercices 15
練習問題 15

【1】適切な形を選び，○をつけよう．

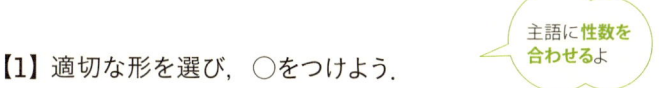

> 主語に**性数**を合わせるよ

① Nous sommes (employée   employés).

② Il est (chinois   chinoise).

③ Paul et Marie sont (français   françaises).

> 主語は**男女**だね

【2】指示された主語を使い，全文を書きかえよう．

① Je suis italien. (Nous)
私はイタリア人です．

_____

② Ils sont étudiants. (Elle)
彼らは学生です．

_____

---

p.49 答え合わせ

【1】① est ② êtes ③ es ④ sont ⑤ suis ⑥ sommes
【2】① Maintenant, je suis à Osaka. ② Elle est de Paris.

Leçon 16

主語に関わる形容詞

Je suis content(e).
ジュ スュイ コンタン (トゥ)

うれしいです.

🔑 形容詞はそれが関わる**主語の性・数**に合わせて**形が変わります**.

満足した，うれしい，喜んでいる

	単数	複数
男性	content (コンタン)	contents (コンタン)
女性	contente (コンタントゥ)	contentes (コンタントゥ)

→ 単数形と複数形は同じ発音だね

女性形の作り方　男性形 ＋ e ⇒ **女性形**
複数形の作り方　単数形 ＋ s ⇒ **複数形**

Il est content.　　彼は喜んでいます.
イ レ コンタン
（性数の一致）

Elles sont content**es**.　　彼女たちは喜んでいます.
エル ソン コンタントゥ
（性数の一致）

➤ 単語メモ ◄

いろいろな女性形（男性形 ⇒ **女性形**）

jeune (ジュンヌ)	⇒	jeune (ジュンヌ)	若い
beau (ボー)	⇒	**belle** (ベル)	美しい
bon (ボン)	⇒	bon**ne** (ボンヌ)	良い

→ 男性形と女性形が同じものもあるよ

Exercices 16
練習問題 16

【1】適切な形を選び，○をつけよう．

> 主語に**性数**を
> 合わせるよ

① Elle est (occupé   occupée).

② Nous sommes (grand   grands).

③ Paul et Marie sont (fatigués   fatiguées).

【2】指示された主語を使い，全文を書きかえよう．

① Ils sont contents. (Elle)
彼らは喜んでいます．

_____

② Le chien de Paul est petit. (Les chiens de Paul)
ポールの犬は小さいです．

_____

p.51 答え合わせ

【1】① employés ② chinois ③ français
【2】① **Nous sommes** italiens. ② **Elle est** étudiant**e**.

> 単数形，複数形
> に注意しようね

cinquante-trois 53

Leçon 17 — 名詞に関わる形容詞 I

J'aime les films **américains**.

アメリカ映画が好きです．

🔑 形容詞の多くは**名詞の後**に置きます．

> 冠詞 ＋ 名詞 ＋ 形容詞

J'aime le café **noir**.
↑_____↑
性数の一致

ブラックコーヒーが好きです．
（色はp.47を参照）

Ce sont des voitures **françaises**.
↑_____↑
性数の一致

それらはフランスの車です．

➜ 動詞コーナー ➜

aimer 好き		
	j' aime	nous aim**ons**
	tu aim**es**	vous aim**ez**
	il aime	ils aim**ent**
	elle aime	elles aim**ent**

Exercices 17
練習問題 17

【1】適切な形を選び，○をつけよう．

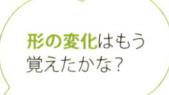

> 形の変化はもう覚えたかな？

① C'est un livre (amusant   amusante).

② Il y a des chats (noir   noirs) dans le jardin.

③ J'aime la cuisine (français   française).

【2】下線部を（　）内の名詞に変えて，全文を書きかえよう．

① Elle porte <u>une robe</u> bleue. (un manteau)
   彼女は青いワンピースを着ています．

　　_____

② <u>Le sac</u> brun de Marie est joli. (Les gants)
   マリーの茶色のバッグはきれいです．

　　_____

> 主語を変えると，動詞の形も変わるね

p.53 答え合わせ
【1】① occupée　② grands　③ fatigués
【2】① **Elle est** contente．　② **Les chiens de Paul sont** petit**s**．

名詞に関わる形容詞 II

Il y a **de bons** vins en France.
イリヤ ドゥ ボン ヴァン
アン フランス

フランスにはおいしいワインがあります．

🔑 一部の形容詞は**名詞の前**に置かれます．

[冠詞] + [形容詞] + [名詞]

C'est une **jolie** carte.　　それはかわいいカードです．
セ テュンヌ ジョリ カルトゥ
　　　　　↑
　　　性数の一致

⚠ **形容詞の複数形**の前では，不定冠詞 **des** は **de** に変わります．

Ce sont ~~des~~ **jolie**s cartes. ⇒ Ce sont **de** **jolie**s cartes.
　　　　　　　　　　　　　　　　　ス ソン ドゥ ジョリ カルトゥ
　　　　　　↑
　de ＋形容詞複数＋名詞複数

➤ 単語メモ ◄

名詞の前に置く形容詞（男性形／**女性形**）
bon / **bonne**　良い，おいしい　⇔　mauvais / **mauvaise**　悪い
ボン　ボンヌ　　　　　　　　　　　　モーヴェ　モーヴェーズ
grand / **grande**　大きい　　　　⇔　petit / **petite**　小さい
グラン　グ랑ドゥ　　　　　　　　　　　プティ　プティットゥ
beau / **belle**　美しい　　nouveau / **nouvelle**　新しい
ボー　ベル　　　　　　　　　ヌーヴォー　ヌーヴェル

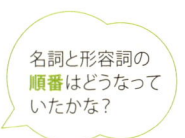

Exercices 18
練習問題 18

> 名詞と形容詞の**順番**はどうなっていたかな？

【1】適切な語を選び，○をつけよう．

① Nous avons (de   des) chiens intelligents.

② Voici (de   des) bons gâteaux.

③ Ce sont (de   des) grands hôtels.

【2】日本語に合うように（　）の形容詞を加えて，全文を書きかえよう．

① Voilà un cadeau. (petit)
ちょっとしたプレゼントです．

_____

② Il y a des fleurs dans le parc. (jolies)
公園にきれいな花が咲いています．

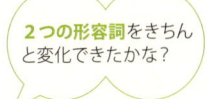

_____

> **2つの形容詞**をきちんと変化できたかな？

p.55 答え合わせ

- -

【1】① amusant ② noirs ③ française
【2】① Elle porte **un manteau bleu**.
　　② **Les gants** bruns de Marie **sont** jolis.

Leçon 19 動詞 avoir

J'ai faim.
ジェ　ファン

おなかが空いています．

🔑 avoir は不規則に変化します．
　　アヴォワール

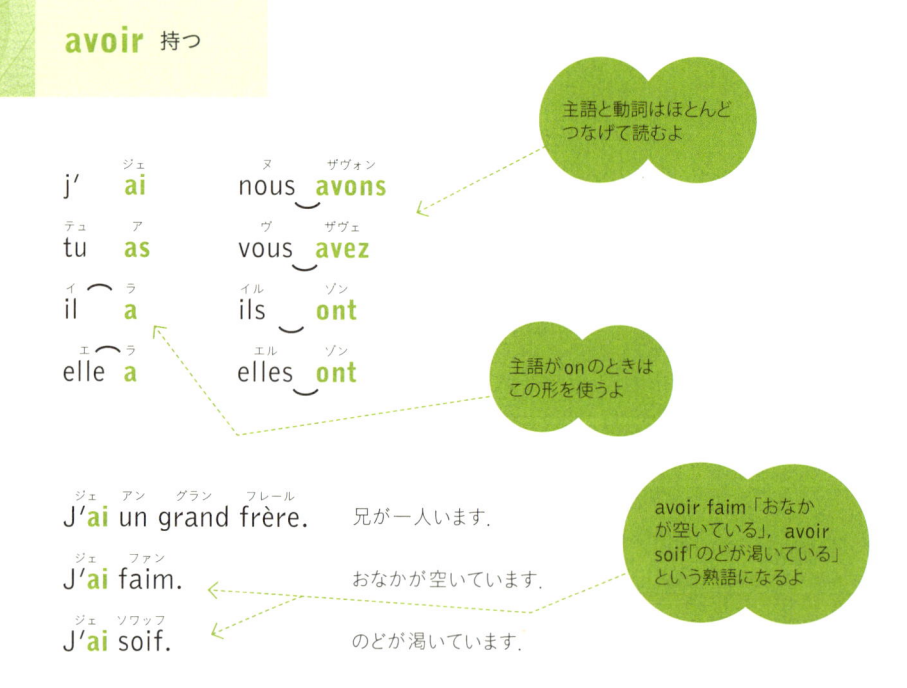

avoir 持つ

j' ai ジェ	nous avons ヌ　ザヴォン
tu as テュ　ア	vous avez ヴ　ザヴェ
il a イ　ラ	ils ont イル　ゾン
elle a エ　ラ	elles ont エル　ゾン

主語と動詞はほとんどつなげて読むよ

主語が on のときはこの形を使うよ

J'ai un grand frère.　　兄が一人います．
ジェ　アン　グラン　フレール

J'ai faim.　　おなかが空いています．
ジェ　ファン

J'ai soif.　　のどが渇いています．
ジェ　ソワッフ

avoir faim「おなかが空いている」，avoir soif「のどが渇いている」という熟語になるよ

Exercices 19
練習問題 19

【1】avoir を適切な活用形にして記入しよう．

① Il (　　　) des chiens. 　　　彼は犬を飼っています．

② J' (　　　) des amis français. 　　　私はフランス人の友達がいます．

③ Vous (　　　) de l'eau ? 　　　（店頭で）お水はありますか？

【2】指示された主語を使い，全文を書きかえよう．

① J'ai soif.（ Pierre et Léa ）
私はのどが渇いています．

_____

② Elles ont de la chance.（ Tu ）
彼女たちはついています．

_____

> 形容詞複数の前
> の des は de に
> 変わったね

p.57 答え合わせ

【1】① des　② de　③ de
【2】① Voilà un **petit** cadeau.　② Il y a **de jolies** fleurs dans le parc.

cinquante-neuf

Leçon 20 avoirを使った熟語表現

J'ai chaud.
ジェ　　ショー

暑いです．

🔑 〈avoir＋名詞〉でいろいろな表現ができます．

主語 ＋ avoir ＋ chaud / froid
暑い／寒いです

Nous **avons** très **chaud**.　　私たちはとても暑いです．
ヌ　ザヴォン　トレ　ショー

Vous **avez froid** ?　　あなたたちは寒いですか？
ヴ　ザヴェ　フロワ

主語 ＋ avoir ＋ 数字 an(s)
〜歳です

1歳以外はanが複数形になるよ

J'**ai** vingt **ans**.　　私は20歳です．
ジェ　ヴァン　タン

（数字はp.35・151を参照）

Exercices 20
練習問題 20

【1】左のページを参照して，（　）にはavoirの活用形を，_____ にはそれに続く語（句）を記入しよう．

① 君，暑い？
　　Tu (　　　　　) _____ ?

② 私たちは寒くはないです．
　　Nous n'(　　　　　) pas _____ .

③ 私の息子は1歳です．
　　Mon fils (　　　　　) _____ .

【2】語を並べかえて文を作ろう．

> **mon**は「私の」という意味だよ（p.70）

① あなたたちはのどが渇いていませんか？
　　avez　Vous　pas　n'　soif
　　_____ ?

② シルヴィーのお母さんは52歳です．
　　La　mère　cinquante-deux　de　ans　a　Sylvie
　　_____ .

p.59 答え合わせ

【1】① a　② ai　③ avez
【2】① **Pierre et Léa ont** soif.　② **Tu as** de la chance.

soixante et un　　*61*

Leçon 21 指示形容詞

Pardon, cette place est libre ?
パルドン　セットゥ　プラス　エ　リーブル

すみません，この席は空いていますか？

🔑 指示形容詞は**名詞の前**に置かれ，**名詞の性・数**によって**形が変わります**．

	単数形 この，その，あの	複数形 これらの，それらの，あれらの
男性名詞の前	ce（cet）...... ス　セット	ces ...... セ
女性名詞の前	cette ...... セットゥ	

> 母音字やhの前ではcetになるよ

〈単数形〉　　　　　　　　　　〈複数形〉

ce stylo	⇒	ces stylos	ペン
cet ordinateur	⇒	ces ordinateurs	パソコン
cette veste	⇒	ces vestes	上着
cette église	⇒	ces églises	教会

➤ 単語メモ ◀

時の表現をつけると次のような意味になります．

ce matin	今朝	ce soir	今夜
cette semaine	今週	ce week-end	今週末
ce mois	今月	cette année	今年

Exercices 21
練習問題 21

【1】指示形容詞を記入しよう.

① これらの本はとても面白い.
   (　　　　) livres sont très intéressants.

② 彼はあの青い鳥を探しています.
   Il cherche (　　　　) oiseau bleu.

> 母音字には注意しようね

③ 彼女は今朝から病気です.
   Elle est malade depuis (　　　　) matin.

④ この歌は好き？
   Tu aimes (　　　　) chanson ?

【2】語を並べかえて文を作ろう.

すみません，この席はふさがっていますか？
est　Pardon,　place　cette　occupée

_____ ?

---

p.61 答え合わせ

【1】①(as) chaud　②(avons) froid　③(a) un an
【2】① Vous n'avez pas soif ?
    ② La mère de Sylvie a cinquante-deux ans.

soixante-trois

否定文 I

Je n'ai pas le temps.
ジュ ネ パ ル タン

時間がありません．

🔑 否定文は，動詞を **ne (n')** と **pas** ではさみます．

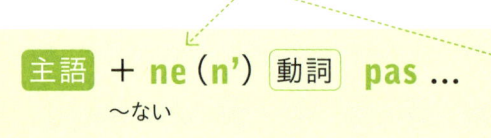

主語 ＋ ne (n') 動詞 pas ...
　　　　〜ない

> 動詞が母音字やhで始まっているときは，ne の代わりに n' を使うよ

Je suis à Tokyo.　　私は東京にいます．
ジュ スュイ ザ トーキョー
　↑　　↑
　ne　pas

Je ne suis pas à Tokyo.　　私は東京にいません．
ジュ ヌ スュイ パ ザ トーキョー

➤ 動詞コーナー ➤

avoir 持つ の否定		
je n'ai pas (ジュ ネ パ)	nous n'avons pas (ヌ ナヴォン パ)
tu n'as pas (テュ ナ パ)	vous n'avez pas (ヴ ナヴェ パ)
il n'a pas (イル ナ パ)	ils n'ont pas (イル ノン パ)
elle n'a pas (エル ナ パ)	elles n'ont pas (エル ノン パ)

soixante-quatre

Exercices 22
練習問題 22

【1】 ne, n', pas のいずれかを記入しよう.

① Ce n'est (　　　　) un chien.

② Nous (　　　　) aimons pas le sport.

③ Ils (　　　　) parlent pas français.

> **ne** と **n'** の違いに気をつけてね

【2】 否定文に書きかえよう.

① J'aime le café. 　　　私はコーヒーが好きです.

_____

② Ce sont des chats. 　　　これらは猫です.

_____

> oiseau は**母音字**で始まるね

p.63 答え合わせ

【1】① Ces　② cet　③ ce　④ cette
【2】Pardon, cette place est occupée ?

soixante-cinq

Leçon 23 否定文 II

Je n'habite plus à Paris.
ジュ ナビットゥ プリュ ア パリ

もうパリに住んでいません．

🔑 よく使う否定表現に，ne (n') ... plus，ne (n') ... rien があります．
　　　　　　　　　ヌ　　　　プリュ　　ヌ　　　　リヤン

主語 + ne (n') **動詞** plus ...
　　　　　もう〜ない

Je n'ai plus le temps. 　　もう時間がありません．
ジュ ネ プリュ ル タン

> 動詞が母音字やhで始まっているときは，ne の代わりに n' を使うよ

主語 + ne (n') **動詞** rien ...
　　　　　何も〜ない

Je ne mange rien. 　　何も食べません．
ジュ ヌ マンジュ リヤン

> nousのところがちょっと違うね

➤ 動詞コーナー ➤

manger 食べる	je mange	nous mangeons
マンジェ	ジュ マンジュ	ヌ マンジョン
	tu manges	vous mangez
	テュ マンジュ	ヴ マンジェ
	il mange	ils mangent
	イル マンジュ	イル マンジュ
	elle mange	elles mangent
	エル マンジュ	エル マンジュ

soixante-six

Exercices 23
練習問題 23

【1】 pas, plus, rien のいずれかを記入しよう.

① Vous n'habitez (　　　　) à Paris ?
　　　　　　　　　　　　もうパリに住んでいないのですか？

② Tu ne manges (　　　　) ?　　何も食べないの？

③ On ne regarde (　　　　) la télé.　私たちはテレビを見ません.

【2】 語を並べかえて文を作ろう.

① 彼らはもう働いていません.
　travaillent　　ne　　Ils　　plus

_____ .

② 私たちは何も食べません.
　ne　　Nous　　rien　　mangeons

_____ .

> 動詞が**母音字**で始まっているときは，ne の代わりに **n'** を使うよ

p.65 答え合わせ

【1】① pas　② n'　③ ne
【2】① Je **n'**aime **pas** le café. ② Ce **ne** sont **pas** des chats.

soixante-sept

Leçon 24 否定の de

Il n'y a plus de fromage à la maison.

イル ニ ヤ プリュ ドゥ フロマージュ
ア ラ メゾン

家にはもうチーズがありません．

🔑 動詞の直後にある冠詞 **un, une, des, du, de la, de l'** は，**否定文**では **de (d')** になります．

ジェ アン シャ　　　　ジュ ネ パ アン シャ　　　　ジュ ネ パ ドゥ シャ
J'ai un chat. ⇒ Je n'ai pas ~~un~~ chat. ⇒ Je n'ai pas de chat.
私は猫を飼っています．　　　　　　　　　　　　　　　　　私は猫を飼っていません．
　　　　　　　　　　　　　　　↑
　　　　　　　　　　　　　　　de

⚠ de (d') にしないこともあるよ！

　　　　　　　　　　　　　　~~de~~
　　　　　　　　　　　　　　↓
セ タン シャ　　　　ス ネ パ ザン シャ
C'est un chat. ⇒ Ce n'est pas **un** chat. ← être の直後の冠詞は変えないよ
これは猫です．　　これは猫ではありません．

ジュ ルガルドゥ ラ テレ　　　ジュ ヌ ルガルドゥ プリュ ラ テレ
Je regarde la télé. ⇒ Je ne regarde plus **la** télé.
私はテレビを見ます．　　　　私はもうテレビを見ません．↑
　　　　　　　　　　　　　　　　　　　　　　　　　　~~de~~

定冠詞 le, la, l', les は変えないよ

Exercices 24
練習問題 24

【1】適切な語を選び，○をつけよう．

① Ce n'est pas (un　de) gâteau.

② On n'a pas (de l'　d') argent.

③ Tu ne regardes pas (la　de) télé ?

> どんなときに否定の **de(d')** になるのかな？

【2】否定文に書きかえよう．

① Elle a des frères.　　　　　彼女には兄弟がいます．
_____

② Nous mangeons de la viande.　　私たちはお肉を食べます．
_____

p.67 答え合わせ

【1】① plus　② rien　③ pas
【2】① Ils ne travaillent plus.　② Nous ne mangeons rien.

soixante-neuf　69

Leçon 25 所有形容詞

Mon anniversaire, c'est le 20 septembre.
私の誕生日は，9月20日です．

🔑 所有形容詞は，**名詞の前**に置かれ，その名詞の所有者を表します．後の**名詞の性・数**によって**形が変わります**．

> 「彼の」と「彼女の」は同じ言い方になるね

> 母音字やhの前ではmon, ton, sonになるよ

	男性単数形	女性単数形	男女複数形
私の	mon	ma (mon)	mes .....
君の	ton	ta (ton)	tes .....
彼の，彼女の	son	sa (son)	ses .....
私たちの	notre		nos .....
あなた(たち)の，君たちの	votre		vos .....
彼らの，彼女たちの	leur		leurs .....

私のお父さん
mon père
男性名詞

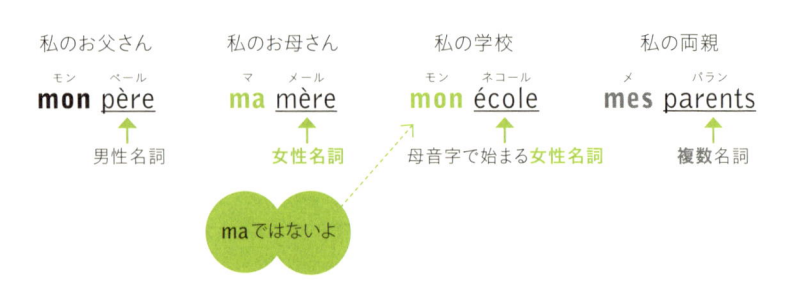

私のお母さん
ma mère
女性名詞

私の学校
mon école
母音字で始まる女性名詞

私の両親
mes parents
複数名詞

> maではないよ

Exercices 25
練習問題 25

【1】適切な語を選び，○をつけよう．

① 私たちの部屋　　(mes　notre　nos) chambre

② 彼の母　　　　　(son　sa　ses) mère

③ 君の学校　　　　(ton　ta　tes) école

> 母音字で始まっている女性名詞のときはどうなるかな？

【2】所有形容詞を記入しよう．

① Votre passeport, s'il vous plaît.
　— Oui, voilà (　　　　) passeport.

② Ce sont les livres de tes enfants ?
　— Oui, ce sont (　　　　) livres.

> 意味をよく考えて入れてみよう！

> 名詞が**母音字**で始まっているときは，deの代わりに **d'** を使うよ

p.69 答え合わせ

【1】① un　② d'　③ la
【2】① Elle **n'**a **pas de** frères.　② Nous **ne** mangeons **pas de** viande.

soixante et onze

Leçon 26

疑問文 I

Est-ce que Jean est là ?
ジャンはいますか？

疑問文には**3通り**の作り方があります．

> 文末を上げて発音するよ！

🔑 ① **イントネーション（↗）**と**クエスチョンマーク（？）**で．

Jean est là. ⇒ Jean est là **?**
ジャンはいます．　　ジャンはいますか？

> 主語が母音字で始まっているときは，queの代わりにqu'を使うよ

🔑 ② 文頭に**est-ce que（qu'）**をつける．

Jean est là. ⇒ **Est-ce que** Jean est là **?**
ジャンはいます．　　　ジャンはいますか？

（疑問文の作り方③はp.76を参照）

> est-ce que(qu')は，日本語の「か」と同じ役割をもっているね

> つづり字記号の向きが違うところがあるね

➤ **動詞コーナー** ◄

préfér**er** 好む	je préfè**re**	nous préfér**ons**
	tu préfè**res**	vous préfér**ez**
	il préfè**re**	ils préfè**rent**
	elle préfè**re**	elles préfè**rent**

Exercices 26
練習問題 26

【1】適切な語（句）を記入しよう.

> 日本語の「**か**」と同じ役割をもつ語句だよ

① (   ) tu parles anglais ?

② Est-ce (   ) Paul et Marie regardent la télé ?

③ Est-ce (   ) ils sont grands ?

【2】語を並べかえて文を作ろう.

① ブランさんはいますか？

que   Madame   est   Blanc   là   Est-ce

_____ ?

② 彼女は学生ですか？

est   qu'   étudiante   Est-ce   elle

_____ ?

---

p.71 答え合わせ

【1】① notre ② sa ③ ton
【2】① mon （訳）あなたのパスポートを見せてください. ― はい, これが**私の**パスポートです.
    ② leurs （訳）これらはあなたのお子さんたちの本ですか？ ― はい, **彼らの**本です.

soixante-treize　73

Leçon 27

疑問文に対する応答 I

Bois-tu du café ?
— Oui, je bois du café.

コーヒー飲む？ — うん，飲むよ．

🔑 肯定の疑問文に対する応答は，**Oui**（はい）か **Non**（いいえ）で始めます．

Oui, 肯定文 / **Non**, 否定文

Est-ce que vous aimez le football ?　　サッカーは好きですか？
— **Oui**, j'aime le football.　　　　　　はい，好きです．
— **Non**, je n'aime pas le football.　　いいえ，好きではありません．

> le football は省略しないよ

➤ 動詞コーナー ➤

> u や v に気をつけてね

boire 飲む

je bois	nous buvons
tu bois	vous buvez
il boit	ils boivent
elle boit	elles boivent

Exercices 27
練習問題 27

【1】適切な語を記入しよう.

① Vous buvez du vin ? ―（　　　　）, je bois du vin.

② Aimes-tu la bière ? ―（　　　　）, je n'aime pas la bière.

【2】疑問文に，それぞれ肯定と否定で答えよう.

① C'est le livre de ton frère ?　　これは君の弟の本ですか？

_____

_____

② Est-ce qu'il y a du lait dans le frigo ?　　冷蔵庫に牛乳はありますか？

_____

_____

> ilsは**母音字**で始まるね

p.73 答え合わせ

【1】① Est-ce que　② que　③ qu'
【2】① Est-ce que Madame Blanc est là ?
　　② Est-ce qu'elle est étudiante ?

Leçon 28 — Mes débuts en français

疑問文 II

CD 37

Êtes-vous japonais ?
（エットゥ ヴ ジャポネ）

あなたは日本人ですか？

🔑 ③ **主語と動詞を入れかえて，倒置をする．**
（疑問文の作り方①，②は p.72 参照）

> 動詞と主語の間は，ハイフンで結ぶよ

Vous êtes japonais.　⇒　**Êtes-vous** japonais **?**
（ヴ ゼットゥ ジャポネ）　　　　　（エットゥ ヴ ジャポネ）
あなたは日本人です．　　　　　あなたは日本人ですか？

Vous n'êtes pas japonais.　⇒　**N'êtes-vous pas** japonais **?**
（ヴ ネットゥ パ ジャポネ）　　　　　（ネットゥ ヴ パ ジャポネ）
あなたは日本人ではありません．　あなたは日本人ではないのですか？

> 否定の倒置疑問文は，ハイフンで結んだ動詞と主語を ne (n') と pas ではさむよ

⚠ 主語が **名詞** のときは，次のようになります．

　　　　　　　代名詞で言いかえる　↓

Ken est japonais.　⇒　**Ken est-il** japonais **?**
（ケン エ ジャポネ）　　　　（ケン エ ティル ジャポネ）
ケンは日本人です．　　　　ケンは日本人ですか？

⚠ 主語が **il** または **elle** で，動詞の語末が **a** または **e** の場合，動詞と主語の間に **-t-** を入れます．
（イル）　（エル）

Elle ach**è**te une robe.　⇒　Ach**è**te**-t-elle** une robe **?**
（エ ラシェットゥ テュンヌ ローブ）　　　（アシェットゥ テル ユンヌ ローブ）
彼女はワンピースを買います．　　彼女はワンピースを買いますか？

➤ 動詞コーナー ◆

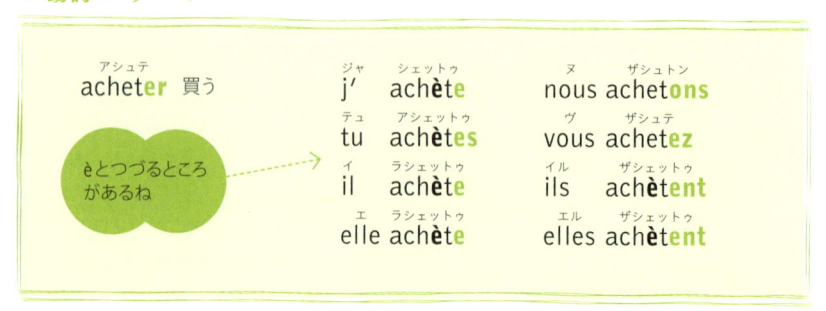

acheter 買う（アシュテ）	j' ach**è**te（ジャ シェットゥ）	nous achet**ons**（ヌ ザシュトン）
	tu ach**è**tes（テュ アシェットゥ）	vous achet**ez**（ヴ ザシュテ）
è と つづるところがあるね	il ach**è**te（イ ラシェットゥ）	ils ach**è**tent（イル ザシェットゥ）
	elle ach**è**te（エ ラシェットゥ）	elles ach**è**tent（エル ザシェットゥ）

Exercices 28
練習問題 28

【1】適切な語を記入しよう.

① Tu as un vélo. → (　　　　　)-tu un vélo ?

② Ces cravates sont jolies.

→ Ces cravates sont-(　　　　　) jolies ?

cravates は**名詞**だよ. **代名詞**（p.40）にしてね

③ Il achète des crayons. → Achète-(　　　)-il des crayons ?

【2】倒置疑問文に書きかえよう.

① Tu manges du poisson.　　君はお魚を食べます.

_____

② Il a des amis français.　　彼にはフランス人の友だちがいます.

_____

「君の弟」が「**ぼくの弟**」になるので, ton を **mon** に変えるよ (p.70)

p.75 答え合わせ

【1】① Oui　② Non
【2】① 肯定：**Oui**, c'est le livre de **mon** frère.
　　　否定：**Non**, ce **n'**est **pas** le livre de **mon** frère.
　　② 肯定：**Oui**, il y a du lait dans le frigo.
　　　否定：**Non**, il **n'**y a **pas de** lait dans le frigo.

否定の **de** (p.68) を忘れないでね

soixante-dix-sept

Leçon 29

疑問文に対する応答 II

CD 38

Tu ne prends pas le métro ?
— Si, je prends le métro.

地下鉄に乗らないの？ — うん，乗るよ．

🔑 否定の疑問文に対する応答は，**Si**（はい）か **Non**（いいえ）で始めます．
（肯定の疑問文に対する応答はp.74を参照）

> 「はい」がsiになるね

Si, 肯定文 ／ **Non**, 否定文

N'aimez-vous pas le tennis ?　　テニスは好きではありませんか？
— **Si**, j'aime le tennis.　　はい，好きです．
— **Non**, je **n'**aime **pas** le tennis.　　いいえ，好きではありません．

> 否定の倒置疑問文は，ハイフンで結んだ動詞と主語を ne (n') と pas ではさんだね (p.76)

> 同型の動詞に apprendre「学ぶ」, comprendre「理解する」があるよ

➤ 動詞コーナー ➤

prend**re** とる，乗る，飲食する，注文する	je prend**s**	nous pren**ons**
	tu prend**s**	vous pren**ez**
	il prend	ils pren**nent**
	elle prend	elles pren**nent**

> nが2つあるところに注意してね

Exercices 29
練習問題 29

【1】適切な語を記入しよう．

① Ce n'est pas sa clef ? ―（　　　）, ce n'est pas sa clef.

② Tu ne prends pas de thé ? ―（　　　）, je prends du thé.

【2】疑問文に，それぞれ肯定と否定で答えよう．

① Tes parents n'habitent pas à Nice ?
君の両親はニースに住んでいないの？

_____

_____

② Est-ce qu'elle ne mange pas de viande ?
彼女はお肉を食べないの？

_____

_____

> 主語が **il** で，動詞の語末が **a** なら，**-t-** を入れるよ

---

p.77 答え合わせ

【1】① As　② elles　③ t
【2】① **Manges-tu** du poisson ?　② **A-t-il** des amis français ?

Leçon 30

天候の表現

CD 39

Il fait beau aujourd'hui.
イル フェ ボー オージュルデュイ

今日はいい天気です．

🔑 天候を表すときは，**il**（イル）を主語にします．

il fait + 形容詞
（天候が）～です

Il fait beau. （イル フェ ボー）	いい天気です．
Il fait mauvais. （イル フェ モーヴェ）	悪い天気です．
Il fait froid. （イル フェ フロワ）	寒いです．
Il fait chaud. （イル フェ ショー）	暑いです．

> このilは，「彼」や「それ」という意味ではないよ．日本語に訳さないでね

il + 動詞
（雨や雪などが）降る

Il pleut. （イル プル）	（動詞の原形：pleuvoir プルヴォワール）	雨が降っています．
Il neige. （イル ネージュ）	（動詞の原形：neiger ネジェ）	雪が降っています．

➤ 動詞コーナー ◄

faire する，作る （フェール）	je fais （ジュ フェ）	nous faisons （ヌ フゾン）
	tu fais （テュ フェ）	vous faites （ヴ フェットゥ）
	il fait （イル フェ）	ils font （イル フォン）
	elle fait （エル フェ）	elles font （エル フォン）

> faisonsは「フェゾン」ではないよ

> sやtに気をつけてね

80　quatre vingts

Exercices 30
練習問題 30

【1】適切な語を記入しよう．

① Il (　　　　　　　) aujourd'hui.　　今日は雨が降っています．

② Il fait (　　　　　　) à Paris ?　　パリはいい天気ですか？

③ Il fait (　　　　　　　).　　天気が悪いです．

【2】語を並べかえて文を作ろう．

① 今朝はとても寒いです．
　froid　Il　très　fait　ce matin

　_____ .

② 昨日から雪が降っています．
　depuis　neige　hier　Il

　_____ .

---

p.79 答え合わせ

【1】① Non　② Si
【2】① 肯定：**Si**, **ils** (**mes** parents) habitent à Nice.
　　　否定：**Non**, **ils** (**mes** parents) **n'**habitent **pas** à Nice.
　　② 肯定：**Si**, elle mange **de la** viande.
　　　否定：**Non**, elle **ne** mange **pas** de viande.

> 肯定文では，否定の de (p.68) をもとの **de la** に変えるよ

HEURES D'OUVERTURE
（ウール　ドゥヴェルテュール）

営業時間

フランスで買い物をするには，デパート les grands magasins，ショップ les boutiques，スーパーマーケット les supermarchés，市場 les marchés などがあります．営業日や営業時間はお店によって異なりますが，たいていは日曜と祝日が定休日なので，注意しましょう．一方で，多くのデパートが木曜日に 21 時や 22 時までの夜間営業 l'ouverture nocturne をしています．

曜日の表現

Quel jour sommes-nous aujourd'hui ?
(ケル ジュール ソム ヌ オージュルデュイ)
今日は何曜日ですか？

— Nous sommes **mercredi**.
(ヌ ソム メルクルディ)
水曜日です．

> ふつうは冠詞をつけないよ

Vous êtes ouvert **le dimanche** ?
(ヴ ゼット トゥーヴェール ル ディマンシュ)
こちらの店は，日曜日は開いていますか？

> 定冠詞 **le**（p.38）をつけると，「毎週の〜」になるよ

Les jours de la semaine 曜日
(レ ジュール ドゥ ラ スメーヌ)

月曜日 **lundi** (ランディ)	火曜日 **mardi** (マルディ)	水曜日 **mercredi** (メルクルディ)
木曜日 **jeudi** (ジュディ)	金曜日 **vendredi** (ヴァンドルディ)	土曜日 **samedi** (サムディ)
日曜日 **dimanche** (ディマンシュ)		

Leçon 31 時間の表現 I

Il est trois heures et demie.
イ レ トロワ ズゥール エ ドゥミ

3時半です.

🔑 時間を表すときは, **il est ... heure(s)** を使います.
　　　　　　　　　　　　イ レ　　　　ウール

> このilは,「彼」や「それ」という意味ではないよ. 日本語に訳さないでね

il est ＋ 数字 heure(s)
〜時です

（数字はp.35・151を参照）

Il est une heure.　　　1時です.
イ レ ユン ヌール
Il est deux heures.　　2時です.
イ レ ドゥ ズゥール

> 1時以外は, heure が複数形になるよ

il est ＋ 数字 heure(s) ＋ 数字
〜時〜分です

Il est trois heures dix.　　3時10分です.
イ レ トロワ ズゥール ディス

⚠ 15分と30分（半）のときは, ふつう次のように言います.

Il est trois heures et quart.　　3時15分です.
イ レ トロワ ズゥール エ カール
Il est trois heures et demie.　　3時半です.
イ レ トロワ ズゥール エ ドゥミ

Exercices 31
練習問題 31

> du matin は「朝の」だよ．du は p.100 を見てね

【1】 適切な語（句）を記入しよう．

① (　　　　　　　　　) est huit heures du matin. 朝の8時です．

② Il est cinq heures (　　　　　　　). 5時15分です．

③ Maintenant, il est une (　　　　　　　) vingt.
　　　　　　　　　　　　　　　　　　今，1時20分です．

【2】 フランス語で作文しよう．

> 「夕方の」は du soir だよ

① 今，東京では夕方の6時です．

_____

② 8時半です．

_____

> 〈il fait ＋形容詞〉，〈il ＋動詞〉が天候の表現だったね（p.80）

p.81 答え合わせ

【1】① pleut　② beau　③ mauvais
【2】① Il fait très froid ce matin.　② Il neige depuis hier.

quatre-vingt-cinq　　85

Leçon 32 時間の表現 II

Il est trois heures moins le quart.

(イレ トロワ ズール モワン ル カール)

2時45分です．

🔑 35分以降は**moins**（モワン）を使って，「～**分前**」と表現します．

> **il est ＋ 数字 heure(s) ＋ moins 数字**
> ～時～分です（～時～分前です）

（数字はp.35・151を参照）

Il est **trois** heures **moins** vingt.
(イ レ トロワ ズール モワン ヴァン)
2時40分です．（3時20分前です．）

Il est **trois** heures **moins** cinq.
(イ レ トロワ ズール モワン サンク)
2時55分です．（3時5分前です．）

> 「～分前」の表現のときは，「～時」はひとつ先の数字にしてね

⚠️ 特殊な表現

Il est trois heures **moins le quart**.
(イ レ トロワ ズール モワン ル カール)
2時45分です．（3時15分前です．）

Il est **midi**.　　正午です．
(イ レ ミディ)

Il est **minuit**.　午前0時です．
(イ レ ミニュイ)

86　quatre-vingt-six

Exercices 32
練習問題 32

> 35分以降は「〜分前」の表現にするよ

【1】適切な語（句）を記入しよう．

① Il est six heures (　　　　　) vingt.　　5時40分です．

② Il est (　　　　) heures moins dix.　　4時50分です．

③ Il est (　　　　) juste.　　正午ちょうどです．

【2】フランス語で作文しよう．

① 今，2時45分です．

_____

② 午前0時ちょうどです．

_____

> **heure** は複数形だよ

> **quart** と **demie** には **et** が必要だね

p.85 答え合わせ

【1】① Il　② et quart　③ heure
【2】① Maintenant, **il est** six **heures** du soir à Tokyo.
　　② **Il est** huit **heures et demie**.

quatre-vingt-sept

Leçon 33 疑問形容詞 I

CD 43

Quelle est votre taille ?
ケ レ ヴォートル ターィユ

服のサイズはいくつですか？

何，誰，どれだけ，何の，どんな

	単数	複数
男性	quel (ケル)	quels (ケル)
女性	quelle (ケル)	quelles (ケル)

> 疑問形容詞は変化するから，形が4種類あるね．でも発音は全部同じだよ

疑問形容詞には，**2つ**の使い方があります．

🔑 ① **être** (エートル) と一緒に使って，**後の名詞**についてたずねます．

（êtreはp.48・50，疑問形容詞の使い方②はp.90を参照）

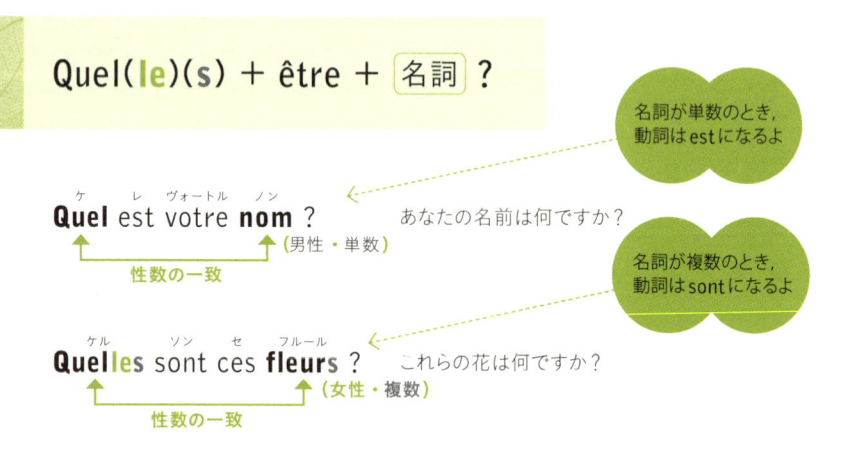

Quel(le)(s) ＋ être ＋ 名詞 ?

Quel est votre nom ? あなたの名前は何ですか？
ケ レ ヴォートル ノン
（男性・単数）
性数の一致

> 名詞が単数のとき，動詞はestになるよ

Quelles sont ces fleurs ? これらの花は何ですか？
ケル ソン セ フルール
（女性・複数）
性数の一致

> 名詞が複数のとき，動詞はsontになるよ

Exercices 33
練習問題 33

【1】適切な形を選び，○をつけよう．

> 性と数に注意してね！
> 名詞と合わせるよ

① (Quel   Quelle) est ton adresse ?

② (Quels   Quelles) sont ces légumes ?

③ (Quel   Quelle) est cet oiseau ?

【2】下線部を（ ）内の名詞に変えて，全文を書きかえよう．

① Quelle est votre <u>adresse</u> ? (numéro de téléphone)
あなたの住所はどこですか？

_____

② Quel est ce <u>film</u> ? (chansons)
この映画は何ですか？

_____

> 指示形容詞 ce にも
> 注意してね！(p.62)
> 名詞と合わせるよ

> 「〜分前」の表現
> のときは，「〜時」
> はひとつ先の数字
> にしてね

p.87 答え合わせ

【1】① moins ② cinq ③ midi
【2】① Maintenant, il est **trois** heures **moins le quart**.
　　② Il est **minuit** juste.

Leçon 34 — 疑問形容詞 II

Quel âge avez-vous ?
– J'ai vingt ans.

ケ　ラージュ　アヴェ　ヴ
ジェ　ヴァン　タン

おいくつですか？ ― 20歳です．

🔑 ② 名詞の前に置いて，その名詞についてたずねます．

（疑問形容詞の使い方①は p.88 を参照）

> **Quel(le)(s) + 名詞 … ?**

Quel temps fait-il ? 　どんな天気ですか？
ケル　タン　フェティル
（男性・単数）
性数の一致

Il est quelle heure ? 　何時ですか？
イレ　ケ　ルール
（女性・単数）
性数の一致

〈quel(le)(s) + 名詞〉は文末に置いてもいいよ

Quelles revues lisez-vous ? 　どんな雑誌を読みますか？
ケル　ルヴュ　リゼ　ヴ
（女性・複数）
性数の一致

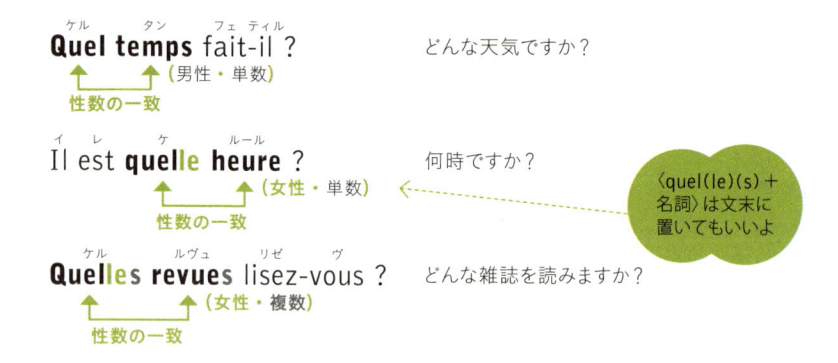

➤ 動詞コーナー ◂

lire 読む		
	je lis	nous lisons
	tu lis	vous lisez
	il lit	ils lisent
	elle lit	elles lisent

リール　　ジュ リ　　ヌ リゾン
テュ リ　　ヴ リゼ
イル リ　　イル リーズ
エル リ　　エル リーズ

Exercices 34
練習問題 34

【1】適切な形を選び，○をつけよう．

① Tu as (quel   quelle) âge ?

② (Quels   Quelles) revues lis-tu ?

③ Ils regardent (quels   quelles) films ?

【2】例にならって①，②が答えとなる疑問文を作り，訳そう．

　　例：J'aime les roses.
　　　　Quelles fleurs aimes-tu ? ／ Tu aimes quelles fleurs ?
　　　　どんな花が好きなの？

① Il fait très beau.

_____

② Il est trois heures et demie.

_____

chansons は複数形だから，ces にしないといけないね (p.62)

p.89 答え合わせ

【1】① Quelle ② Quels ③ Quel
【2】① **Quel** est votre **numéro de téléphone** ?
　　② **Quelles sont ces chansons** ?

quatre-vingt-onze

Leçon 35

動詞 aller

CD 45

Je vais à Paris.
ジュ ヴェ ア パリ

パリに行きます．

🔑 aller（アレ）は不規則に変化します．

主語 ＋ aller à ＋ **名詞**
　　〜に行く

> 下線部は，avoir「持つ」の活用形とよく似ているね
> j' ai　　nous avons
> tu as　　vous avez
> il a　　　ils ont
> elle a　　elles ont

je v**ais** (ジュ ヴェ)	nous all**ons** (ヌ ザロン)
tu v**as** (テュ ヴァ)	vous all**ez** (ヴ ザレ)
il v**a** (イル ヴァ)	ils v**ont** (イル ヴォン)
elle v**a** (エル ヴァ)	elles v**ont** (エル ヴォン)

> 主語がonのときはこの形を使うよ

Vous **allez à** Nice demain ? — Oui, je **vais à** Nice demain.
ヴ ザレ ア ニース ドゥマン　　　ウイ ジュ ヴェ ア ニース ドゥマン
明日ニースに行きますか？　　　はい，明日ニースに行きます．

⚠️ aller bien（アレ ビヤン）には「元気だ」という意味があります．

Tu vas bien ? — Oui, je vais très bien.
テュ ヴァ ビヤン　　ウイ ジュ ヴェ トレ ビヤン
元気？　　　　　　うん，とても元気だよ．

（他のあいさつはp.8を参照）

Exercices 35
練習問題 35

【1】適切な活用形を選び，○をつけよう．

① Ils (vas   va   vont) à la Gare de Lyon.

② On (vais   vas   va) à Londres en TGV.   ※ en TGV : TGVで

③ Vous (allons   allez   vont) bien ?

【2】フランス語で作文しよう．

① 私たちは明日パリに行きます．

_____

② 元気？ ― うん，とても元気だよ．

_____

天候と時間をたずねる表現はできたかな？

p.91 答え合わせ

【1】① quel   ② Quelles   ③ quels
【2】① **Quel temps** fait-il ? / Il fait **quel temps** ?   どんな天気ですか？
　　② **Quelle heure** est-il ? / Il est **quelle heure** ?   何時ですか？

FÊTES
フェットゥ
祝日

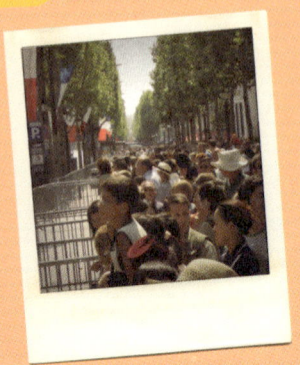

フランスの祝日 les fêtes で最も有名なのは、おそらく国祭日 la fête nationale、あるいはその日付から le 14 juillet（7月14日）と呼ばれる革命記念日でしょう．日本語では，映画の邦題にちなみ「パリ祭」とも呼ばれています．この日はフランス各地で，花火 le feu d'artifice が打ち上げられます．また，パリでは大統領臨席のもと，シャンゼリゼ大通り l'avenue des Champs-Élysées で軍事パレードが行われます．

月日の表現

Le combien sommes-nous aujourd'hui ?
今日は何日ですか？

— Nous sommes **le 14 juillet**.
7月14日です．

> 革命記念日は，このように日付で呼ばれているよ

C'est **le 1ᵉʳ (premier)** janvier.
1月1日です．

> 「1日」は **premier**（1番目の）と表すよ

Les mois 月

1月 janvier	2月 février	3月 mars
4月 avril	5月 mai	6月 juin
7月 juillet	8月 août	9月 septembre
10月 octobre	11月 novembre	12月 décembre

Leçon 36 — 前置詞 à と定冠詞 le, les の縮約

Je vais **au** musée d'Orsay.
ジュ ヴェ オ ミュゼ ドルセー

オルセー美術館に行きます．

🔑 前置詞 à の後に le または les が続くとき，それぞれ縮めて au または aux にします．　　（前置詞 à の意味：〜へ，〜に，〜で）

à + le 単数名詞 ⇒ au 単数名詞

〈à + la〉, 〈à + l'〉は, そのままだよ

Nous allons ~~à le~~ Japon. ⇒ Nous allons **au** Japon.
　　　　　　　　　　　　　　　ヌ　ザロン　オ　ジャポン
私たちは日本に行きます．

à + les 複数名詞 ⇒ aux 複数名詞

Je vais ~~à les~~ États-Unis. ⇒ Je vais **aux** États-Unis.
　　　　　　　　　　　　　　　ジュ ヴェ オ ゼタ ズュニ
私はアメリカに行きます．

⚠ 女性の国名には **en** を使い，冠詞はつけません．

Je vais **en** France.　私はフランスへ行きます．
ジュ ヴェ アン フランス

nous と vous では i ではなく, y が入るよ

➡ 動詞コーナー ⬅

voir 見る，会う		
	je vois (ジュ ヴォワ)	nous voyons (ヌ ヴォワイヨン)
	tu vois (テュ ヴォワ)	vous voyez (ヴ ヴォワイエ)
	il voit (イル ヴォワ)	ils voient (イル ヴォワ)
	elle voit (エル ヴォワ)	elles voient (エル ヴォワ)

Exercices 36
練習問題 36

【1】下線部の誤りを訂正しよう．誤りがなければ○を記入しよう．

① Nous voyons un film <u>à la</u> télévision.　（　　　）

② Je vais <u>à les</u> Champs-Élysées.　（　　　）

③ Je visite les musées jusqu'<u>à le</u> soir.　（　　　）

【2】語を並べかえて文を作ろう．

① 私たちは今夜映画に行きます．

　　allons　cinéma　Nous　ce　au　soir

　　_____.

② 父は明日アメリカに到着します．

　　demain　Mon　arrive　États-Unis　père　aux

　　_____.

> **aller**には 2 つの意味があったね

p.93 答え合わせ

【1】① vont　② va　③ allez
【2】① Nous **allons** à Paris demain. / On **va** à Paris demain.
　　② Tu **vas** bien ? — Oui, je **vais** très bien.

Leçon 37

動詞 venir

Je **viens de** Tokyo.
ジュ ヴィヤン ドゥ トーキョー

東京から来ました．

🔑 **venir**（ヴニール）は不規則に変化します．

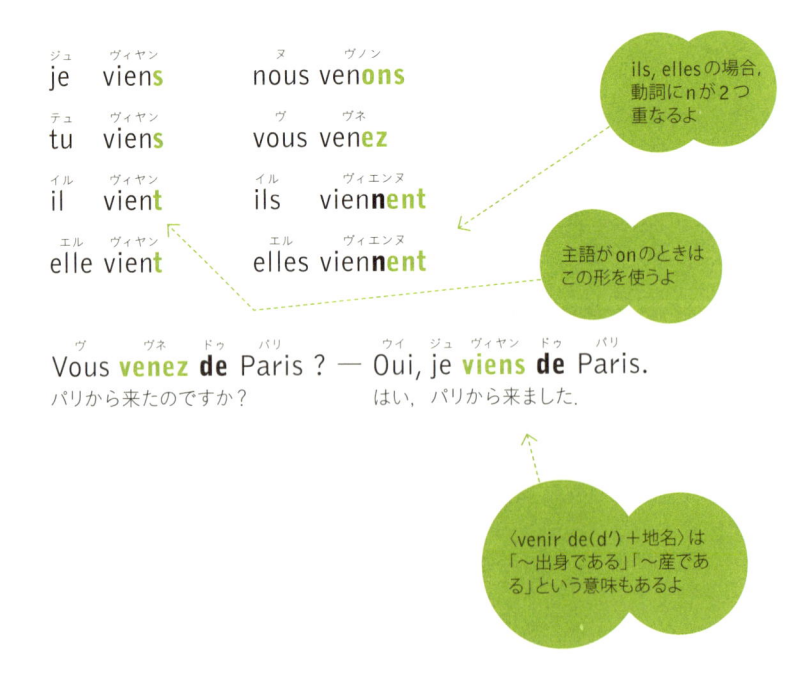

主語 + **venir de**（**d'**）+ 名詞
～から来る

---

je	vien**s**	nous ven**ons**	
ジュ ヴィヤン		ヌ ヴノン	
tu	vien**s**	vous ven**ez**	
テュ ヴィヤン		ヴ ヴネ	
il	vien**t**	ils vien**nent**	
イル ヴィヤン		イル ヴィエンヌ	
elle	vien**t**	elles vien**nent**	
エル ヴィヤン		エル ヴィエンヌ	

> ils, ellesの場合，動詞にnが2つ重なるよ

> 主語がonのときはこの形を使うよ

Vous **venez de** Paris ? — Oui, je **viens de** Paris.
ヴ ヴネ ドゥ パリ　　　　　ウィ ジュ ヴィヤン ドゥ パリ

パリから来たのですか？　　　はい，パリから来ました．

> 〈venir de（d'）＋地名〉は「～出身である」「～産である」という意味もあるよ

Exercices 37
練習問題 37

【1】適切な活用形を選び，○をつけよう．

① Ils (vient　venons　viennent) de Nice.

② Tu (viens　vient　venez) de la Gare de Lyon ?

③ Ce vin (viens　vient　viennent) de Bordeaux.
　　　　　　　　　※Bordeaux ボルドー：フランス南西部のワインの産地

【2】フランス語で作文しよう．

① あなたは東京からいらしたのですか？ ― はい，東京から来ました．

_____

_____

② このチーズ（fromage）はカマンベール（Camembert）産です．（カマンベールから来た）
　　　　　　　　　※Camembert：フランス北部の街

_____

> à に le や les がついたら au や aux になるね

p.97 答え合わせ

【1】① ○　② aux　③ au
【2】① Nous allons au cinéma ce soir.
　　② Mon père arrive aux États-Unis demain.

quatre-vingt-dix-neuf

Leçon 38 — 前置詞 de と定冠詞 le, les の縮約

CD 49

Je viens du Japon.
ジュ ヴィヤン デュ ジャポン

日本から来ました．

🔑 前置詞 **de**（ドゥ）の後に **le**（ル）または **les**（レ）が続くとき，それぞれ縮めて **du**（デュ）または **des**（デ）にします．（前置詞 de の意味：〜から，〜の，〜について）

de + le 単数名詞 ⇒ **du** 単数名詞

〈de + la〉, 〈de + l'〉は, そのままだよ

Nous venons ~~de le~~ Japon. ⇒ Nous venons **du** Japon.
ヌ ヴノン デュ ジャポン
私たちは日本から来ました．

de + les 複数名詞 ⇒ **des** 複数名詞

Il vient ~~de les~~ États-Unis. ⇒ Il vient **des** États-Unis.
イル ヴィヤン デ ゼタ ズュニ
彼はアメリカから来ました．

⚠️ 女性の国名には冠詞はつけません．

Il vient **de** France.　彼はフランスから来ました．
イル ヴィヤン ドゥ フランス

〈venir de(d')＋地名〉は「〜出身である」「〜産である」という意味もあるよ

➤ 動詞コーナー ◄

connaître コネートル 知っている，知り合う	je connais ジュ コネ	nous connaissons ヌ コネッソン
	tu connais テュ コネ	vous connaissez ヴ コネッセ
î に気をつけてね →	il connaît イル コネ	ils connaissent イル コネッス
	elle connaît エル コネ	elles connaissent エル コネッス

Exercices 38
練習問題 38

【1】下線部の誤りを訂正しよう．誤りがなければ○を記入しよう．

① Tu visites l'avenue <u>de les</u> Champs-Élysées ?　　（　　　）

② Nous venons <u>de l'</u>école.　　　　　　　　　　　（　　　）

③ Connaissez-vous le musée <u>de le</u> Louvre ?　　　（　　　）

【2】語を並べかえて文を作ろう．

① シャンゼリゼ大通りをご存じですか？

　　vous　des　l'avenue　Connaissez-　Champs-Élysées

　_____ ?

② 彼女たちはフランスの出身です．（←フランスから来ました）

　　France　viennent　Elles　de

　_____ .

---

p.99 答え合わせ

【1】① viennent　② viens　③ vient
【2】① Vous **venez de** Tokyo ? — Oui, je **viens de** Tokyo.
　　② Ce fromage **vient de** Camembert.

cent un　*101*

Leçon 39 Mes débuts en français

場所をたずねる疑問詞

CD 50

Où est la place de la Concorde ?
ウ エ ラ プラス ドゥ ラ コンコルドゥ

コンコルド広場はどこですか？

🔑 **où** は「どこ」を意味する疑問詞です．

> この表現は，動詞が être (p.48) のときは使えないよ

Où ＋ 動詞 ＋ 主語 ... ?
＝ **Où est-ce que** (qu') ＋ 主語 ＋ 動詞 ... ?

Où habitez-vous ? ＝ **Où est-ce que vous habitez ?**
ウ アビテ ヴ　　　　　ウ エス ク ヴ ザビテ
どこに住んでいますか？

> 主語が代名詞のときは，動詞と主語をハイフンで結ぶよ

会話ではしばしば **où** を文末に置きます． **Vous habitez où ?**
ヴ ザビテ ウ

Où sont les toilettes ?
ウ ソン レ トワレットゥ
トイレはどこですか？

d'où は「どこから」を意味します．

D'où venez-vous ? ─ **Je viens du Japon.**
ドゥ ヴネ ヴ　　　　　ジュ ヴィヤン デュ ジャポン
どちらからお越しですか？　日本から来ました．

➔ **動詞コーナー** ◀

savoir 知っている		
je sais	nous savons	
tu sais	vous savez	
il sait	ils savent	
elle sait	elles savent	

サヴォワール　ジュ セ　ヌ サヴォン　テュ セ　ヴ サヴェ　イル セ　イル サーヴ　エル セ　エル サーヴ

Exercices 39
練習問題 39

【1】適切な活用形を選び，○をつけよう．

① Vous (sais   savons   savez) l'adresse du musée ?

② Je ne (sais   sait   savons) pas.

③ Ils ne (savons   savez   savent) rien.

> Je ne sais pas. は「私は知らない」という意味だよ

【2】語を並べかえて文を作ろう．

① ルーヴル美術館はどこですか？
　　est   le   du   musée   Louvre   Où
　　_____ ?

② ホテルの所在地を知っていますか？
　　savez   l'adresse   de   Vous   l'hôtel
　　_____ ?

---

p.101 答え合わせ

【1】① des ② ○ ③ du
【2】① Connaissez-vous l'avenue des Champs-Élysées ?
　　② Elles viennent de France.

Leçon 40 — il faut を使った表現

CD 51

イル　フォ　パルティール　トゥ　ドゥ　スュイットゥ
Il faut partir tout de suite.

すぐに出発しなければなりません．

🗝 イル　フォ
　il faut（動詞の原形：falloir ファロワール）を使った表現は，2種類あります．

il faut ＋ 名詞　〜が必要だ

> il faut の il は，「彼」や「それ」という意味ではないよ．日本語に訳さないでね

イル　フォ　ドゥー　ズゥール　プール　アレ　ア　パリ
Il faut douze heures pour aller à Paris.
パリに行くには12時間かかります．

> 〈pour＋動詞の原形〉は「〜するために」だよ

il faut ＋ 動詞の原形　〜しなければならない

イル　フォ　シャンジェ　ドゥ　トラン　イスィ
Il faut changer de train ici.
ここで電車を乗り換えなければなりません．

⚠ 否定文〈il ne faut pas ＋ 動詞の原形 〉は，「〜してはいけない」という意味になります．
イル　ヌ　フォ　パ　シャンジェ　ドゥ　トラン　イスィ
Il ne faut pas changer de train ici.　ここで電車を乗り換えてはいけません．

➔ 動詞コーナー ◆

パルティール
partir 出発する

> 同型の動詞に sortir「外出する」，dormir「眠る」があるよ

ジュ　パール je par**s**	ヌ　パルトン nous part**ons**
テュ　パール tu par**s**	ヴ　パルテ vous part**ez**
イル　パール il par**t**	イル　パルトゥ ils part**ent**
エル　パール elle par**t**	エル　パルトゥ elles part**ent**

cent quatre

Exercices 40
練習問題 40

> 〈pour＋動詞の原形〉は「〜するために」だね

【1】適切な語を記入しよう．

① 両替をするためには，あなたのパスポートが必要です．
　　(　　　) faut votre passeport pour changer de l'argent.

② 早く家に帰らなければいけません．
　　Il (　　　) rentrer tôt à la maison.

【2】語を並べかえて文を作ろう．

① すぐに帰らなければなりません．
　　rentrer　faut　de　Il　suite　tout
　　_____.

② パソコンを買うためには，お金が必要です．
　　pour　faut　un ordinateur　de l'argent　acheter　Il
　　_____.

③ ここでタバコを吸ってはいけません．
　　ne　pas　faut　Il　ici　fumer
　　_____.

p.103 答え合わせ

【1】① savez ② sais ③ savent
【2】① Où est le musée du Louvre ?　② Vous savez l'adresse de l'hôtel ?

cent cinq　*105*

Leçon 41 — 時をたずねる疑問詞

Quand partez-vous pour le Japon ?
いつ日本にご出発ですか？

🗝 **quand** は「いつ」を意味する疑問詞です．

> **Quand** ＋ 動詞 ＋ 主語 … ?
> ＝ **Quand est-ce que (qu')** ＋ 主語 ＋ 動詞 … ?

主語が代名詞のときは，動詞と主語をハイフンで結ぶよ

Quand partez-vous ?　いつご出発ですか？
Quand est-ce que vous arrivez ?　いつご到着ですか？
会話ではしばしば quand を文末に置きます．Vous arrivez **quand** ?

depuis quand は「いつから」を意味します．

Depuis quand apprends-tu le français ? — Depuis avril.
いつからフランス語を学んでいますか？　　　　　　4月からです．

➤ 動詞コーナー ◂

apprendre 学ぶ	j' apprends	nous apprenons
	tu apprends	vous apprenez
	il apprend	ils apprennent
	elle apprend	elles apprennent

prendre (p.78) と同じ型だよ．他に comprendre「理解する」があるよ

Exercices 41
練習問題 41

【1】適切な活用形を選び，○をつけよう．

① Tu (apprends   apprend   apprenons) le français ?

② Je ne (comprend   comprennent   comprends) pas.

③ On (prenons   prend   prenez) un café ?

> **apprendre**, **prendre**, **comprendre** は同じ型の動詞だね

【2】語を並べかえて文を作ろう．

① いつパリに到着するの？
　est-ce que   arrives   à   tu   Paris   Quand
　_____ ?

② いつからフランス語を学んでいますか？
　quand   apprenez-   Depuis   vous   le français
　_____ ?

> **il faut** の表現は，2種類あったね

p.105 答え合わせ

【1】① Il ② faut
【2】① Il faut rentrer tout de suite.
　　② Il faut de l'argent pour acheter un ordinateur.
　　③ Il ne faut pas fumer ici.

代名詞強勢形

Tu viens avec moi ?
テュ　　ヴィヤン　　アヴェック　モワ

私と一緒に来る？

代名詞強勢形は，前置詞の後，c'est の後，主語代名詞の前などで使われる形です．

主　語	je	tu	il	elle	nous	vous	ils	elles
強勢形	moi	toi	lui	elle	nous	vous	eux	elles
	モワ	トワ	リュイ	エル	ヌ	ヴ	ウ	エル

> 主語と違う形が4つあるよ

🔑 前置詞の後

Jean est chez lui.　　ジャンは彼の (=自分の) 家にいます．
ジャン エ シェ リュイ

🔑 c'est の後

C'est toi, Sophie ?　　君なの，ソフィ？
セ トワ　　ソフィ

🔑 主語代名詞の前 (主語の強調)

Tu as faim ? ─ Non. Moi, j'ai soif.
テュ ア ファン　　　ノン　モワ　ジェ ソワフ
おなか空いてる？　　いえ．私はね，のどが渇いてるんです．

➤ 文法メモ ◀

強勢形には次のような使い方もあります．

Je prends un café. Et vous ? (←et の後)
ジュ プラン アン カフェ　エ ヴ
私はコーヒーをいただきます．で，あなたたちは？

─ Nous aussi. (←aussi の前)
　　ヌ　ソスィ
　私たちも同じです．

Exercices 42
練習問題 42

【1】適切な語を記入しよう．

① これはあなたへのプレゼントです．
　C'est un cadeau pour (　　　)．

② （写真を見て）これ彼よ，ピエールよ．
　C'est (　　　), Pierre.

③ 私，映画に行くのよ．　私もよ．
　Je vais au cinéma. — (　　　) aussi.

【2】語を並べかえて文を作ろう．

① 私の両親は自宅（＝彼らの家）にいます．
　parents　chez　Mes　eux　sont
　_____．

② 君のほうは，ビールを飲むの？
　tu　de la　prends　bière　Toi,
　_____？

p.107 答え合わせ

【1】① apprends　② comprenons　③ prend
【2】① Quand est-ce que tu arrives à Paris ?
　　② Depuis quand apprenez-vous le français ?

cent neuf　*109*

Leçon 43 — -ir 動詞

Je choisis le menu à trente euros.
ジュ ショワズィ ル ムニュ ア トラン トゥーロ

私は30ユーロのコース料理を選びます．

🔑 原形の語尾が**-ir**で終わる動詞のいくつかは，**最後のrを取り**，主語ごとに決まった<u>語尾</u>を加えます．

変わらない部分 → choisi ｜ 変わる部分 → r　選ぶ
（ショワズィー）（ル）

各主語の語尾

je -s （無音）	je choisi**s** ジュ／ショワズィ	nous -ssons ヌ／ソン	nous choisi**ssons** ヌ／ショワズィッソン
tu -s （無音）	tu choisi**s** テュ／ショワズィ	vous -ssez ヴ／セ	vous choisi**ssez** ヴ／ショワズィッセ
il -t （無音）	il choisi**t** イル／ショワズィ	ils -ssent イル／ス	ils choisi**ssent** イル／ショワズィッス
elle -t （無音）	elle choisi**t** エル／ショワズィ	elles -ssent エル／ス	elles choisi**ssent** エル／ショワズィッス

Quel menu **choisissez**-vous ?
ケル ムニュ ショワズィッセ ヴ
あなたはどのコース料理を選びますか？

> 主語がonのときはこの形を使うよ

➡ 単語メモ ⬅

同じ語尾変化をする動詞
finir　終える，終わる　　réussir à …　〜に成功する
フィニール　　　　　　　　レユスィール ア

Exercices 43
練習問題 43

【1】 動詞の活用形を書こう．

finir

① je _____ ② nous _____

③ tu _____ ④ vous _____

⑤ il _____ ⑥ ils _____

⑦ elle _____ ⑧ elles _____

【2】 適切な活用形を選び，○をつけよう．

Ton cours (finis finissent finit) à quelle heure ?

【3】 指示された主語を使い，全文を書きかえよう．

① Je choisis ce vin blanc. (Nous)
私はこの白ワインを選びます．

_____

② Tu réussis à tes examens. (Vous)
君は試験に合格します．

_____

p.109 答え合わせ

【1】① vous ② lui ③ Moi
【2】① Mes parents sont chez eux. ② Toi, tu prends de la bière ?

cent onze   *111*

Leçon 44

動詞 pouvoir

Je ne peux pas.
ジュ ヌ プ パ

私はできません.

🔑 **pouvoir**（プーヴォワール）は不規則に変化します.

pouvoir ＋ 動詞の原形
〜できる

je	pe**ux**（ジュ プ）	nous	pouv**ons**（ヌ プーヴォン）
tu	pe**ux**（テュ プ）	vous	pouv**ez**（ヴ プーヴェ）
il	peu**t**（イル プ）	ils	peuv**ent**（イル プーヴ）
elle	peu**t**（エル プ）	elles	peuv**ent**（エル プーヴ）

> pouvoirの後の動詞の原形は，省略もできるよ

Peux-tu **sortir** ce soir ?
（プ テュ ソルティール ス ソワール）
君は今夜，外出できる？

— Oui, je **peux** (sortir).
（ウィ ジュ プ ソルティール）
うん，（外出）できるよ.

— Non, je **ne peux pas** (sortir).
（ノン ジュ ヌ プ パ ソルティール）
いや，（外出）できないよ.

否定文は **pouvoir**（プーヴォワール）だけを **ne**（ヌ）と **pas**（パ）ではさみます.

Est-ce que **je peux** essayer ?
（エ ス ク ジュ プ エッセイエ）
試着していいですか？

> 主語がjeやnousで疑問文のとき，「〜していいですか？」になることがあるよ

112　cent douze

Exercices 44
練習問題 44

【1】 pouvoirを適切な活用形にして記入しよう．

① クレールは時間どおりに到着できるでしょうか？
　Claire (　　　　　　　　) arriver à l'heure ?

② （店などで）見てもいいですか？
　Est-ce que nous (　　　　　　　) regarder ?

③ 君，今度の日曜日に来てくれる？
　(　　　　　　　　)-tu venir dimanche prochain ?

【2】 語を並べかえて文を作ろう．

① 私は出発できません．
　Je　partir　ne　pas　peux
　_____ .

② ゆっくり話していただけますか？
　vous　lentement　pouvez　Est-ce que　parler
　_____ ?

p.111 答え合わせ

【1】 ① je finis　② nous finissons　③ tu finis　④ vous finissez
　　　⑤ il finit　⑥ ils finissent　⑦ elle finit　⑧ elles finissent
【2】 finit
【3】 ① **Nous choisissons** ce vin blanc.　② **Vous réussissez** à **vos** examens.

cent treize　*113*

Leçon 45 動詞 vouloir

CD 56

Tu **veux** du thé ?
− Oui, je **veux** bien.

お茶をいかが？ — はい，いただきます．

🔑 **vouloir**(ヴロワール) は不規則に変化します．

vouloir ＋ 動詞の原形 ／ 名詞
〜したい，〜が欲しい

je	veu**x** (ジュ ヴ)	nous	voul**ons** (ヌ ヴロン)
tu	veu**x** (テュ ヴ)	vous	voul**ez** (ヴ ヴレ)
il	veu**t** (イル ヴ)	ils	veul**ent** (イル ヴール)
elle	veu**t** (エル ヴ)	elles	veul**ent** (エル ヴール)

Nous **voulons** aller à Versailles.
(ヌ ヴロン アレ ア ヴェルサーィユ)
私たちはヴェルサイユに行きたいです．

Voulez-vous **fermer** la porte ?
(ヴレ ヴ フェルメ ラ ポルトゥ)
ドアを閉めていただけますか？

> 主語が tu や vous で疑問文のとき，「〜してもらえますか？」になることがあるよ

否定文は **vouloir** だけを **ne** と **pas** ではさみます．

Il **ne veut pas** voir ce film.
(イル ヌ ヴ パ ヴォワールス フィルム)
彼はこの映画を見たくないのです．

Exercices 45
練習問題 45

【1】 vouloirを適切な活用形にして記入しよう．

① 彼女たちは海に行きたがっています．
Elles (　　　　　　　　) aller à la mer.

② 私たちは出かけたくないです．
Nous ne (　　　　　　　　) pas sortir.

③ 私と一緒に昼食をとらない？
(　　　　　　　　)-tu déjeuner avec moi ?

【2】 語を並べかえて文を作ろう．

① 私はこのスカートを買いたいのです．
veux　Je　jupe　cette　acheter
_____ .

② このスーツケースを持っていただけますか？
Voulez-　cette　porter　vous　valise
_____ ?

否定の **ne** と **pas** の位置に気をつけてね

p.113 答え合わせ

【1】① peut　② pouvons　③ Peux
【2】① Je ne peux pas partir.
　　② Est-ce que vous pouvez parler lentement ?

cent quinze

Leçon 46 — 数量をたずねる疑問詞

Vous êtes combien ?
ヴ　　　ゼットゥ　　コンビヤン

何名さまですか？

🔑 **combien**（コンビヤン）は「いくつ，どれくらい，いくら」を意味する疑問詞です．

> **Combien** + 動詞 + 主語 … ?
> = 主語 + 動詞 + **combien** ?

Combien êtes-vous dans votre famille ?
コンビヤン　エットゥ　ヴ　ダン　ヴォートル　ファミーユ
あなたたちは何人家族ですか？

— **Nous sommes six.**
　ヌ　　ソム　　スィス
　（私たちは）6人です．

（数字はp. 35・151を参照）

🔑 **combien de**（コンビヤン ドゥ）**(d')** は「いくつの～，どれくらいの～」を意味します．

> **Combien de (d')** 名詞 + 動詞 + 主語 … ?

Combien de pommes voulez-vous ?
コンビヤン　ドゥ　ポム　ヴレ　ヴ
りんごをいくつお求めですか？

— **Cinq, s'il vous plaît.**
　サンク　スィル　ヴ　プレ
　5つ，お願いします．

cent seize

Exercices 46
練習問題 46

【1】語順を考えて，適切な疑問詞を記入しよう．

① 何名さまですか？
　　(　　　　　　　　　) êtes-vous ?

② 君，どれくらいのお金を持ってる？
　　(　　　　　　　　　) argent as-tu ?

【2】語を並べかえて文を作ろう．

① 君は何人の兄弟姉妹がいるの？（←何人の兄弟姉妹を持っているの？）
　　frères et sœurs　Combien　tu　as-　de
　　_____ ?

② フランスパン1本，おいくらですか？
　　Une　combien　est　baguette,　c'
　　_____ ?

「いくらですか？」は
p.9を見てね

p.115 答え合わせ

【1】① veulent　② voulons　③ Veux
【2】① Je veux acheter cette jupe.
　　② Voulez-vous porter cette valise ?

動詞の命令形 I

Attendez un peu.
アタンデ　　　アン　ブー

少し待ってください．

🔑 主語の **tu**, **nous**, **vous** を取ると命令形ができます．
　　　　　テュ　　ヌ　　　ヴ

〈現在形〉　　　　　　　〈命令形〉

Tu attends …　　⇒　**Attends** …
テュ アタン　　　　　　　 アタン
　　　　　　　　　　　　〜を待って（**tu**への命令）

Nous attendons …　⇒　**Attendons** …
ヌ　ザタンドン　　　　　アタンドン
　　　　　　　　　　　　〜を待ちましょう（**nous**への命令）

Vous attendez …　⇒　**Attendez** …
ヴ　ザタンデ　　　　　　アタンデ
　　　　　　　　　　　　〜を待ってください／待って（**vous**への命令）

否定の命令形は動詞を **ne**（**n'**）と **pas** ではさみます．
　　　　　　　　　　　　　 ヌ　　　　　　　　　 パ

Attendons le bus.　⇒　**N'attendons pas** le bus.
アタンドン　ル ビュス　　　 ナタンドン　　パ ル ビュス
バスを待ちましょう．　　　　バスを待たないでおきましょう．

➤ 動詞コーナー ◂

attendre　待つ
アタンドル

他にentendre「聞こえる」, vendre「売る」などがあるよ

j'	attend**s**	nous	attend**ons**
ジャ	タン	ヌ	ザタンドン
tu	attend**s**	vous	attend**ez**
テュ	アタン	ヴ	ザタンデ
il	attend	ils	attend**ent**
イル	ラタン	イル	ザタンドゥ
elle	attend	elles	attend**ent**
エル	ラタン	エル	ザタンドゥ

Exercices 47
練習問題 47

> 日本語の**太字**に注意して，命令形を考えてね！

日本語に合うように，動詞を適切な活用形にしよう．

> 「誰への命令か」で2通りの解答があるよ．p.40を確認しよう

① 最初の通りを右に曲がっ**て**．

_____ la première rue à droite. (prendre)

② 大きな声で話さ**ないでください**．

> 命令形の前後に，**否定文で使う2つの語**を加えよう

_____ fort. (parler)

③ メインディッシュを1つ選ん**でください**．

_____ un plat. (choisir)

④ 一緒に出かけ**ましょう**．

_____ ensemble. (sortir)

⑤ 写真をとら**ないでください**．

_____ de photos. (prendre)

---

p.117 答え合わせ

> 母音字の前では，de は **d'** になったね

【1】① Combien ② Combien d'
【2】① Combien de frères et sœurs as-tu ?
　　② Une baguette, c'est combien ?

Leçon 48 動詞の命令形 II

Ferme la porte, s'il te plaît.
ドアを閉めてちょうだい．

🔑 -er 動詞と aller は，tu に対する命令形では**末尾の s がなくなります**．
（-er 動詞は p.42，aller は p.92 を参照）

〈原形〉　　〈現在形〉　　〈命令形〉
fermer ⇒ Tu fermes … ⇒ **Ferme** la porte.
　　　　　　　　　　　　ドアを閉めて．

aller ⇒ Tu vas … ⇒ **Va** à l'hôpital.
　　　　　　　　　　　病院へ行って．

> sはないよ

➤ 動詞コーナー ◀

> sやtに気をつけてね

di**re** 言う

je di**s**	nous di**sons**
tu di**s**	vous di**tes**
il di**t**	ils di**sent**
elle di**t**	elles di**sent**

120　cent vingt

Exercices 48
練習問題 48

日本語に合うように，動詞を適切な活用形にしよう．

> 「誰への命令か」で2通りの解答があるものもあるね．p.40 を確認しよう

① 左に曲がって．

_____ à gauche. (tourner)

② 本当のことを言って．

_____ la vérité. (dire)

> 命令形に **ne** ともう 1語を加えてね．**pas** ではないよ (p.66)

③ もうタバコを吸わ**ないようにしましょう**．

_____ . (fumer)

④ まっすぐ行って．

_____ tout droit. (aller)

⑤ ここで携帯電話を使わ**ないでください**．

_____ de portable ici. (utiliser)

---

p.119 答え合わせ

① Prends (tu への命令) / Prenez (vous への命令)
② Ne parlez pas　③ Choisissez　④ Sortons　⑤ Ne prenez pas

cent vingt et un

Leçon 49 近い未来の表現

CD 60

Le train **va arriver** à Paris.
ル　トラン　ヴァ　アリヴェ　ア　パリ

その列車はパリに着くところです．

🔑 **aller**（アレ）を使って，近い未来を表すことができます．

（allerはp.92を参照）

> 主語 ＋ **allerの現在形** ＋ 動詞の原形 …
> ～するところだ

Ils vont partir pour Tokyo.
イル　ヴォン　パルティール　プール　トーキョー

彼らは東京に向けて出発するところです．

> 主語によっては，こんな意味になることもあるよ

je, nous が主語のとき：～するつもりだ（意図）

Je vais acheter une voiture.　　私は車を買うつもりです．
ジュ　ヴェ　アシュテ　ユンヌヴォワテュール

tu, vous が主語のとき：～しなさい（軽い命令）

Vous allez prendre un taxi.　　タクシーにお乗りなさい．
ヴ　ザレ　プ랑ドル　アンタクスィ

➡ 文法メモ ⬅

〈 aller ＋ 動詞の原形 〉は「～しに行く」の意味になることもあります．

Je vais acheter du pain.　　私はパンを買いに行きます．
ジュ　ヴェ　アシュテ　デュ　パン

Exercices 49
練習問題 49

【1】allerを適切な活用形にして記入しよう．

① 私は地下鉄に乗るところです．
　Je (　　　　　) prendre le métro.

② 彼は中国に向けて5月に出発するつもりです．
　Il (　　　　　) partir pour la Chine en mai.

③ あなたはワインを買いに行くのですか？
　Vous (　　　　　) acheter du vin ?

【2】語を並べかえて文を作ろう．

① これらの美術館を見物しなさいね．
　musées　Tu　visiter　ces　vas

_____.

② 私たちはその映画を見るつもりです．
　allons　ce　Nous　film　voir

_____.

p.121 答え合わせ
① Tourne（tuへの命令）/ Tournez（vousへの命令）
② Dis（tuへの命令）/ Dites（vousへの命令）　③ Ne fumons plus
④ Va（tuへの命令）/ Allez（vousへの命令）　⑤ N'utilisez pas

> tuに対する命令形で，**語尾のsがなくなる動詞**があったね

近い過去の表現

Le train vient de partir.

その列車は出発したところです．

🔑 venir を使って，近い過去を表すことができます．

（venir は p.98 を参照）

> 主語 ＋ venir の現在形 ＋ de (d') 動詞の原形 ...
> 〜したところだ

Nous venons de dîner.
私たちは夕食をとったところです．

Elle vient d'avoir vingt ans.
彼女は20歳になったばかりです．

後が母音字だから，d' だよ

（数字は p.35・151 を参照）

➤ 文法メモ ➤

〈venir ＋ 動詞の原形 (de なし)〉は「〜しに来る」の意味です．

Ils viennent dîner chez moi.
彼らは私の家に夕食をとりに来ます．

Exercices 50
練習問題 50

【1】 venir を適切な活用形にして記入しよう.

> 「〜したところです」
> だから，もう1語加
> えようね

① 私は帰ったところです．
　Je (　　　　　　　　) rentrer.

② あなたは夕食をとったところですか？
　Vous (　　　　　　　　) dîner ?

③ ポールとマリーは到着したところです．
　Paul et Marie (　　　　　　　　) arriver.

【2】 語を並べかえて文を作ろう．

① 私たちはパリを訪れたところです．
　Paris　de　venons　Nous　visiter

　_____.

② 彼は私の両親に会いに来ます．
　vient　parents　Il　voir　mes

　_____.

---

p.123 答え合わせ

【1】① vais　② va　③ allez
【2】① Tu vas visiter ces musées.　② Nous allons voir ce film.

cent vingt-cinq　125

Leçon 51 人をたずねる疑問詞

Qui vient ce soir ?
今夜，誰が来るのですか？

🔑 **qui** は「誰（が，を）」を意味する疑問詞です．

> qui が主語だと，動詞は il, elle のときの形だよ

Qui（＝ 主語 ）＋ 動詞 … ?

Qui vient ce soir ? ― Pierre et Marie viennent.
今夜，誰が来るの？　　　ピエールとマリーが来るよ．

Qui ＋ 動詞 ＋ 主語 … ?
＝ **Qui est-ce que (qu')** ＋ 主語 ＋ 動詞 … ?

Qui cherches-tu ? ＝ **Qui est-ce que** tu cherches ?
君は誰を探しているの？

― Je cherche Monsieur Dupont.
　デュポンさんを探しているんだよ．

会話ではしばしば **qui** を文末に置きます．

Tu cherches **qui** ? ― Je cherche Marie.
君は誰を探しているの？　マリーを探しているんだよ．

Exercices 51
練習問題 51

【1】 疑問文の意味を考えて，動詞を適切な活用形にしよう．

① あなたは誰を探しているのですか？

　　Qui _____ -vous ? （chercher）

② どちらさまですか？　←（ドア越しに）誰がそこにいるのですか？

　　Qui _____ là ? （être）

【2】 語を並べかえて文を作ろう．

① 君は今夜，誰と会うの？

　　vois-　Qui　ce　soir　tu

　　_____ ?

② 誰が廊下で話しているの？

　　le　parle　Qui　dans　couloir

　　_____ ?

③ 彼らはここで誰を待っているのですか？

　　ils　Qui　attendent　ici　est-ce qu'

　　_____ ?

---

p.125 答え合わせ

【1】① viens de　② venez de　③ viennent d'
【2】① Nous venons de visiter Paris.　② Il vient voir mes parents.

Leçon 52 ものをたずねる疑問詞

Que prenez-vous comme boisson ?
飲物は何を召し上がりますか？

🔑 que (qu') は「何（を）」を意味する疑問詞です．

> **Que (Qu')** ＋ 動詞 ＋ 主語 ... ?
> ＝ **Qu'est-ce que (qu')** ＋ 主語 ＋ 動詞 ... ?

Que prends-tu comme boisson ?
＝ **Qu'est-ce que** tu prends comme boisson ?
飲物は（←としては）何を飲む？

— Je prends du vin.
ワインを飲むよ．

Qu'est-ce que c'est ? で，ものについて，それが何なのかを問います．

Qu'est-ce que c'est ? — C'est un cadeau.
これは何ですか？　　　これはプレゼントです．

➡ 動詞コーナー ⬅

vに気をつけてね

écrire 書く	j' écris	nous écri**v**ons
	tu écris	vous écri**v**ez
	il écrit	ils écri**v**ent
	elle écrit	elles écri**v**ent

Exercices 52
練習問題 52

【1】語順を考えて，適切な疑問詞を記入しよう．

① デザートには何がありますか？
  (　　　　　　　　　　　) vous avez comme dessert ?

② 君は今週末，何をするの？
  (　　　　　　　　　　　) fais-tu ce week-end ?

③ 彼は何を書いているのですか？
  (　　　　　　　　　　　) il écrit ?

【2】語を並べかえて文を作ろう．

「〜には」「〜では」は **comme** だよ

① あなたはメインディッシュには何を選びますか？
  comme　Que　plat　choisissez-　vous
  _____ ?

② 君はスポーツでは何が好き？
  comme　tu　Qu'est-ce que　aimes　sport
  _____ ?

p.127 答え合わせ

動詞は il, elle のときの形だよ

【1】① cherchez　② est
【2】① Qui vois-tu ce soir ?　② Qui parle dans le couloir ?
　　③ Qui est-ce qu'ils attendent ici ?

cent vingt-neuf

動詞 devoir

Vous devez acheter les billets ici.

ここで券を買わなければなりません.

🔑 **devoir** は不規則に変化します．

devoir ＋ 動詞の原形
〜しなければならない

je dois	nous devons
tu dois	vous devez
il doit	ils doivent
elle doit	elles doivent

Je **dois changer** des yens.
私は円を両替しなければなりません．

否定文は，**devoir** だけを **ne** と **pas** ではさみます．「〜してはならない」の意味になります．

Vous **ne devez pas** prendre de photos dans l'église.
教会の中で写真をとってはいけません．

> 否定の de は p.68 にあったね

Exercices 53
練習問題 53

【1】 devoir を適切な活用形にして記入しよう．

① 君は宿題を終えなければなりません．
　Tu (　　　　　　　) finir tes devoirs.

② 彼らは彼らの両親のことを考えなければなりません．
　Ils (　　　　　　　) penser à leurs parents.

③ 私たちはすぐ出発しなければいけませんか？
　(　　　　　　　)-nous partir tout de suite ?

【2】 語を並べかえて文を作ろう．

① レアは自宅 (＝彼女の家) にいなければなりません．
　chez　doit　Léa　elle　être
　_____ .

② あなたたちは外出してはいけません．
　pas　ne　sortir　Vous　devez
　_____ .

---

p.129 答え合わせ

【1】① Qu'est-ce que　② Que　③ Qu'est-ce qu'
【2】① Que choisissez-vous comme plat ?
　　② Qu'est-ce que tu aimes comme sport ?

cent trente et un

方法や様子をたずねる疑問詞

Comment est-ce qu'on dit ça en français ?
これはフランス語ではどう言いますか？

🔑 **comment** は「どのように，どんなふうに」を意味する疑問詞です．

> **Comment** + 動詞 + 主語 … ?
> = **Comment est-ce que**(qu') + 主語 + 動詞 … ?

Comment vont-ils à Paris ? 　　彼らはどうやってパリに行くのですか？
— En train ou en avion. 　　列車または飛行機でです．

「～語で」はenを使うよ

Comment est-ce qu'on dit «Congratulations» en français ?
「Congratulations（おめでとう）」はフランス語でどう言うのですか？
— On dit «Félicitations». 　　「Félicitations（おめでとう）」と言います．

会話ではしばしば **comment** を文末に置きます．
Le vin est **comment** ? 　　そのワイン，どう？

comment はあいさつ表現でも用いられます．
Comment allez-vous ? — Je vais bien, merci.
ご機嫌いかがですか？　　私は元気ですよ，ありがとう．

（他のあいさつは p.8 を参照）

Exercices 54
練習問題 54

語を並べかえて文を作ろう．

① 君のアパルトマンはどんなふうなの？
　　ton　　est　　appartement　　Comment

_____ ?

② 彼女はどのようにして東京に来るのですか？
　　elle　　Comment　　Tokyo　　est-ce qu'　　vient　　à

_____ ?

③「チケット」はフランス語でどのように言いますか？
　　dit-　　en　　Comment　　on　　«ticket»　　français

_____ ?

---

p.131 答え合わせ

【1】① dois　② doivent　③ Devons
【2】① Léa doit être chez elle.
　　 ② Vous ne devez pas sortir.

否定の **ne** と **pas** の位置に気をつけてね

cent trente-trois

Leçon 55 — 形容詞の比較表現

Ton dessert est aussi bon que mon dessert.
トン デセール エ トスィ ボン ク モン デセール

君のデザートは私のデザートと同じくらいおいしいです．

🔑 形容詞の比較の表現は，形容詞の前に **plus**(プリュ), **aussi**(オスィ), **moins**(モワン) を置き，後に **que** (**qu'**) を加えます．

$$
\left.\begin{array}{l}\text{plus} \quad (+)\\ \text{aussi} \quad (=)\\ \text{moins} \quad (-)\end{array}\right\} \boxed{形容詞} + \text{que (qu')} \ldots
$$

Sa voiture est ＿ que ma voiture.　彼の車は私の車と比べて＿です．
サ ヴォワテュール エ ク マ ヴォワテュール

plus grande （より多く大きい）	より大きい
aussi grande （同じくらい大きい）	同じくらい大きい
moins grande （より少なく大きい）	より小さい

💬 形容詞は比較表現でも性数を合わせるよ．p.52を見てね

Exercices 55
練習問題 55

【1】適切な語を記入しよう.

① 私の父は私の母より背が低いです.
　　Mon père est (　　　　　) grand que ma mère.

② 今日は昨日より寒いです.
　　Aujourd'hui, il fait (　　　　　) froid qu'hier.

③ フランス語は英語と同じくらい難しいですか？
　　Le français est (　　　　　) difficile que l'anglais ?

【2】語を並べかえて文を作ろう.

　　東京タワーはエッフェル塔より高いです.
　　La tour de Tokyo　la tour Eiffel　haute　est　plus　que

　　_____ .

> これが形容詞だから，この前に「**より多く**」だね

---

p.133 答え合わせ
----
① Comment est ton appartement ?
② Comment est-ce qu'elle vient à Tokyo ?
③ Comment dit-on «ticket» en français ?

Leçon 56

副詞の比較表現

CD 67

Parlez **plus** lentement, s'il vous plaît.
バルレ プリュ ラントゥマン
スィル ヴ プレ

もっとゆっくり話してください.

🔑 副詞の比較表現は，副詞の前に **plus**, **aussi**, **moins** を置き，後に **que**（**qu'**）を加えます．
　　　　　　　　　　　　プリュ　オスィ　モワン
　　　　　　　　　　　　　　　　　　　　　　ク

> 副詞は性数を合わせないよ

```
plus  (+)  ┐
aussi (=)  ├  副詞 ＋ que (qu')...
moins (−)  ┘
```

Le TGV roule ＿ que le Shinkansen.
ル　テジェヴェ　ルール　　ク　ル　シンカンセン

TGVは新幹線と比べて＿走ります．

plus vite （より多く速く） プリュ　ヴィットゥ	より速く
aussi vite （同じくらい速く） オスィ　ヴィットゥ	同じくらい速く
moins vite （より少なく速く） モワン　ヴィットゥ	より遅く

Exercices 56
練習問題 56

【1】適切な語を記入しよう.

① 彼は彼のお父さんと同じくらいゆっくりと話します.
　　Il parle (　　　　　　　) lentement que son père.

② 君は君の弟よりも速く歩くね.
　　Tu marches (　　　　　　　) vite que ton frère.

③ マリーはルイーズより小声で話します.
　　Marie parle (　　　　　　　) fort que Louise.

【2】語を並べかえて文を作ろう.

① ポールはピエールよりゆっくりと話します.
　　que　plus　Paul　parle　lentement　Pierre
　　_____.

② このホテルは私のホテルより安くすみます.
　　cher　Cet hôtel　mon hôtel　moins　que　coûte
　　_____.

> coûter cher は「値段が高くつく」という意味だよ

---

p.135 答え合わせ

【1】① moins　② plus　③ aussi
【2】La tour de Tokyo est plus haute que la tour Eiffel.

Leçon 57 代名詞をともなう特殊な動詞

Je me couche tôt.
私は早く寝ます．

🔑 「寝る」は，「寝かせる」＝ coucher という動詞の直前に **代名詞 se** を加えて作ります．

> se は主語と同じ人を表す代名詞だよ

主語 ＋ se coucher
寝る（＝ 主語は 主語を 寝かせる）

> se は主語に応じて形が変わるよ

je	me	couche	nous	nous	couchons	
私は	私を	寝かせます	私たちは	私たちを	寝かせます	
tu	te	couches	vous	vous	couchez	
君は	君を	寝かせます	あなた(たち)は	あなた(たち)を	寝かせます	
il	se	couche	ils	se	couchent	
彼は	彼を	寝かせます	彼らは	彼らを	寝かせます	
elle	se	couche	elles	se	couchent	
彼女は	彼女を	寝かせます	彼女たちは	彼女たちを	寝かせます	

否定文は，〈代名詞＋動詞〉を **ne** と **pas** ではさみます．

Il **ne** s'habille **pas** à la mode.
彼は流行の服を着ません．

> se, me, te は後が母音字や h ならば s', m', t' になるよ

➡ **単語メモ** ⬅

s'habiller 服を着る　　se maquiller 化粧する
se raser ひげを剃る　　se réveiller 目を覚ます

Exercices 57
練習問題 57

【1】代名詞 se の適切な形を記入しよう.

① Vous (　　　　) réveillez tard !

② Je (　　　　) habille à sept heures.

③ Tu ne (　　　　) rases pas ?

> 主語と合うように，**代名詞 se** の形を考えてね！

【2】代名詞 se と動詞を適切な活用形にし，単語を並べかえよう.

① 私たちは早く寝ます.
　　se coucher　　nous　　tôt

_____.

② ソフィーはお化粧をしません.
　　pas　　Sophie　　se maquiller　　ne

_____.

---

p.137 答え合わせ

【1】① aussi ② plus ③ moins
【2】① Paul parle plus lentement que Pierre.
　　 ② Cet hôtel coûte moins cher que mon hôtel.

> **moins** は「より少なく」だったね

cent trente-neuf　*139*

Leçon 58 — 理由をたずねる疑問詞

Pourquoi apprenez-vous le français ?

なぜあなたはフランス語を学んでいるのですか？

🔑 **pourquoi**は「なぜ」を意味する疑問詞です．答えは「〜だからです」の意味の **parce que**（**qu'**）で始めます．

Pourquoi ＋ 動詞 ＋ 主語 … ?
= **Pourquoi est-ce que**（**qu'**）＋ 主語 ＋ 動詞 … ?

Pourquoi aimez-vous cette robe ?
なぜあなたはこのドレスが好きなのですか？

— **Parce qu'**elle est très chic.
それがとてもシックだからです．

Pourquoi est-ce que vous apprenez le français ?
なぜあなたはフランス語を学んでいるのですか？

— **Parce que** je vais en France.
フランスに行くからです．

Exercices 58
練習問題 58

【1】語を並べかえて文を作ろう．

① なぜ君はそのバッグが好きなの？
　ce　tu　Pourquoi　aimes-　sac
　_____ ?

② それがとてもかわいいからよ．
　il　très　Parce qu'　joli　est
　_____ .

【2】フランス語で作文しよう．

① なぜ彼女たちはフランス語を学ぶのですか？
　_____

② 彼女たちはフランスに行くからです．
　_____

> 後が母音字やhのとき，meはm'だったね

p.139 答え合わせ

【1】① vous　② m'　③ te
【2】① Nous **nous couchons** tôt.　② Sophie ne **se maquille** pas.

cent quarante et un

p.141 答え合わせ

【1】① Pourquoi aimes-tu ce sac ?　② Parce qu'il est très joli.
【2】① **Pourquoi** apprennent-elles le français ?
　　　（**Pourquoi** est-ce qu'elles apprennent le français ?）
　　② **Parce qu'**elles vont en France.

Vocabulaire
français-japonais
単語集

・男は「男性名詞」を，女は「女性名詞」を示します．
・単語の後の（ ）内は，女性形または複数形を示します．

		品詞	意味

A

	à		（時間，場所とともに）〜に，〜で，〜へ，（価格とともに）〜の
	acheter	動	買う
	adresse	女	住所，宛名，所在地
	âge	男	年齢，〜歳
	agent de police	男	警官
	aimer	動	愛する，〜が好きである
	air	男	空気
	Allemand(e) / allemand(e)	男・女	ドイツ人
	aller	動	行く，(**bien**とともに)元気である，
			(動詞の原形とともに)〜するところだ
	allô		もしもし
	alphabet	男	アルファベット
	Américain(e) / américain(e)	男・女	アメリカ人
	américain(e)	形	アメリカの，アメリカ人の
	ami(e)	男・女	友達
	amusant(e)	形	おもしろい
	an	男	年，(**avoir**とともに)〜歳である
	anglais	男	英語
	Anglais(e) / anglais(e)	男・女	イギリス人
	année	女	年
	anniversaire	男	誕生日
	août	男	8月
	appartement	男	アパルトマン，マンション
	apprendre	動	学ぶ
	argent	男	お金
	arriver	動	到着する
	attendre	動	待つ
	aujourd'hui		今日
	aussi		〜もまた，〜と同じく，同じくらい〜に
	automne	男	秋
	avec		〜と一緒に
	avenue	女	並木大通り
	avion	男	飛行機　en avion 飛行機で
	avoir	動	持つ，(動物を)飼う
	avril	男	4月

B

	baguette	女	フランスパン，バゲット
	BD	女(略字)	マンガ　**bande dessinée**
	beau (belle)	形	美しい，(天気が)良い
	bien		よく，上手に，とても
	bière	女	ビール
	billet	男	切符，券
	blanc (blanche)	形	白い
	bleu(e)	形	青い
	boire	動	飲む
	boisson	女	飲み物
	boîte	女	箱
	bon(ne)	形	良い，おいしい
	bonjour		おはよう，こんにちは
	bonsoir		こんばんは
	Bordeaux		ボルドー（フランス南西部の都市）
	brun(e)	形	茶色の
	bus	男	バス

C

	ça		それ
	ça va		元気である
	cadeau(x)	男	プレゼント
	café	男	コーヒー，喫茶店，カフェ
	cahier	男	ノート
	Camembert		カマンベール（フランス北部の町）

campagne	女	田舎
Canadien(ne) / canadien(ne)	男・女	カナダ人
carte	女	カード
CD	男（略字）	CD **disque compact**
ceci		これ
chaise	女	イス
chambre	女	部屋, 寝室
Champs-Élysées		シャンゼリゼ
chance	女	幸運, 運, (**avoir**とともに)ついている
changer	動	交換する, 乗り換える
		changer de train 電車を乗り換える
		changer de l'argent 両替する
chanson	女	歌
chanteur (chanteuse)	男・女	歌手
chat	男	猫
chaud	男	暑さ, (**avoir**とともに)暑い
chaud(e)	形	暑い
cher (chère)	形	（値段が）高い
chercher	動	探す
chez		〜の家に
chic	形	しゃれた
chien	男	犬
Chine	女	中国
Chinois(e) / chinois(e)	男・女	中国人
chocolat	男	チョコレート
choisir	動	選ぶ
chou(x) à la crème	男	シュークリーム
cinéma	男	映画, 映画館
clef	女	鍵
coca	男	コカコーラ
combien		いくつ, どれくらい, いくら
		combien de(d')... いくつの〜　**le combien** 何日
comme		〜として
comment		どんな風な, どのように
comprendre	動	理解する
confiture	女	ジャム
connaître	動	知っている, 知り合う
content(e)	形	満足した, うれしい, 喜んでいる
couloir	男	廊下
courage	男	勇気
cours	男	授業
coûter	動	（料金が）かかる　**coûter cher** 値段が高くつく
cravate	女	ネクタイ
crayon	男	鉛筆
croissant	男	クロワッサン
cuisine	女	料理
cycle	男	周期

D

dans		〜の中に(で)
de(d')		〜から, 〜の, 〜について
décembre	男	12月
déjeuner	動	昼食をとる
demain		明日
demi(e)	形	半分の　**et demie** (〜時)半
depuis		〜以来, 〜(前)から
désirer	動	欲しい, 買い求める
dessert	男	デザート
devoir	動	〜しなければならない
	男	宿題
difficile	形	難しい
dimanche	男	日曜日(に)

cent quarante-cinq

dîner		動	夕食をとる
dire		動	言う
droite		女	右　à droite 右に

E

eau		女	水
école		女	学校
écouter		動	聞く
écrire		動	書く
église		女	教会
élève		男・女	生徒
employé(e)		男・女	会社員
en			(場所, 方向, 手段とともに) 〜に, 〜で
enchanté(e)		形	はじめまして
encore			また, さらに, (ne...pasとともに)まだ…ない
enfant		男・女	子ども
ensemble			一緒に
entendre		動	聞こえる
espagnol		男	スペイン語
Espagnol(e) / espagnol(e)		男・女	スペイン人
essayer		動	試着する
et			そして, と
États-Unis		男・複	アメリカ合衆国
été		男	夏
être		動	〜である, 〜にいる(ある)
étudiant(e)		男・女	学生
euro		男	ユーロ
examen		男	試験

F

faim		女	空腹, (avoirとともに)おなかが空いている
faire		動	する, 作る, (il faitの形で天気が)〜である
falloir		動	(il fautの形で)〜しなければならない, 〜が必要である
famille		女	家族
fatigué(e)		形	疲れた
félicitations			おめでとう
femme		女	女の人
fermer		動	閉める
fête		女	祭り, 祝祭日
février		男	2月
film		男	映画
fils		男	息子
finir		動	終える, 終わる
fleur		女	花
football		男	サッカー
fort			大きな声で
français		男	フランス語　en français フランス語で
Français(e) / français(e)		男・女	フランス人
français(e)		形	フランスの, フランス人の
France		女	フランス
frère		男	兄, 弟, 兄弟
frigo		男	冷蔵庫
froid		男	寒さ, (avoirとともに)寒い
froid(e)		形	寒い
fromage		男	チーズ
fruit		男	果物
fumer		動	タバコを吸う

G

gants		男・複	手袋
garçon		男	男の子
gare		女	(鉄道の)駅　la Gare de Lyon (パリの)リヨン駅
gâteau(x)		男	お菓子, ケーキ
gauche		女	左　à gauche 左に

gilet	男	ベスト
gomme	女	消しゴム
grand(e)	形	大きい, 背が高い, 年上の
gym	女	体操

H

habiter	動	住む
haut(e)	形	(建物が)高い
heure	女	～時, ～時間　à l'heure 時間どおりに
hier		昨日
hiver	男	冬
homme	男	男の人
hôpital	男	病院
hôtel	男	ホテル
huile	女	油

I

ici		ここに(で)
île	女	島
intelligent(e)	形	頭のよい, かしこい
intéressant(e)	形	面白い
Italien(ne) / italien(ne)	男・女	イタリア人

J

janvier	男	1月
Japon	男	日本
Japonais(e) / japonais(e)	男・女	日本人
jardin	男	庭
jaune	形	黄色の
jeudi	男	木曜日(に)
jeune	形	若い
joli(e)	形	かわいい, きれいな
jour	男	曜日
journaliste	男・女	新聞記者
juillet	男	7月
juin	男	6月
jupe	女	スカート
jusqu'à		～まで
juste		ちょうど

L

là		あそこ, 向こう
lait	男	牛乳
leçon	女	レッスン
légume	男	野菜
lentement		ゆっくりと
libre	形	空いている
lire	動	読む
lit	男	ベッド
livre	男	本
Londres		ロンドン(イギリスの首都)
lundi	男	月曜日(に)
lunettes	女・複	めがね
Lyon		リヨン(フランス南東部の都市)

M

Madame	女	(既婚女性に対して)～さん, ～夫人
Mademoiselle	女	(未婚女性に対して)～さん, ～嬢
mai	男	5月
maintenant		今
maïs	男	とうもろこし
maison	女	(一戸建ての)家
malade	形	病気の
manger	動	食べる
manteau(x)	男	コート
marcher	動	歩く

mardi		男	火曜日(に)
mars		男	3月
matin		男	朝, 午前
mauvais(e)		形	悪い
médecin		男・女	医者
menu		男	コース料理
mer		女	海
merci			ありがとう
mercredi		男	水曜日(に)
mère		女	母
métro		男	地下鉄
mode		女	流行　à la mode 流行の
midi		男	正午, 昼の12時
minuit		男	真夜中, 午前0時
moins			〜分前, より少なく, より〜でない
mois		男	月, 〜か月
Monsieur		男	(男性に対して)〜さん, 〜氏, 男の人
montagne		女	山
montre		女	腕時計
mouchoir		男	ハンカチ
musée		男	美術館, 博物館
musicien(ne)		男・女	音楽家
musique		女	音楽

N

neige	女	雪
neiger	動	(il neigeの形で)雪が降る
Nice		ニース(フランス南部の都市)
Noël	男	クリスマス
noir(e)	形	黒い
nom	男	名前
non		いいえ
nouveau (nouvelle)	形	新しい
novembre	男	11月
numéro	男	番号

O

occupé(e)	形	忙しい, ふさがっている
octobre	男	10月
œuf	男	卵
oiseau(x)	男	鳥
ordinateur	男	パソコン, コンピューター
ou		または
où		どこ, どこに(で)
oui		はい
ouvert(e)	形	開いている

P

pain	男	パン
pantalon	男	ズボン
paquet-cadeau	男	プレゼント包装
parc	男	公園
parce que(qu')		〜だからだ
pardon		すみません, ごめんなさい
parents	男・複	両親
parfum	男	香水
Paris		パリ(フランスの首都)
parler	動	話す
partir	動	出発する
pas		(neとともに)〜ない
passeport	男	パスポート
patience	女	忍耐
pâtissier(ère)	男・女	菓子職人
penser	動	(àとともに)〜について考える

père	男	父
petit(e)	形	小さい, 背が低い, ちょっとした
pharmacie	女	薬局
photo	女	写真
place	女	席, 広場, 場所
plaisir	男	喜び, 楽しみ
plat	男	メインディッシュ
pleuvoir	動	(**il pleut**の形で)雨が降る
pluie	女	雨
plus		(**ne**とともに)もう〜でない, より多く, より〜である
poisson	男	魚
pomme	女	りんご
portable	男	携帯電話
porte	女	ドア
porter	動	着ている, 持つ
pour		〜のために, 〜に向けて
pourquoi		なぜ
pouvoir	動	〜できる
préférer	動	〜を好む
premier	男	**le premier** 1日(ついたち)
premier (première)	形	最初の
prendre	動	とる, 乗る, 飲食する, 注文する, (通りを)曲がる
printemps	男	春
prix	男	値段, 価格
prochain(e)	形	今度の
professeur	男・女	教師, 教授

Q

quand		いつ
quart	男	15分, 4分の1
que(qu')		〜と比べて, 何(を)
quel(le)(s)		何, 誰, どれだけ, 何の, どんな
qui		誰(が, を)

R

radio	女	ラジオ
RATP	男(略字)	パリ交通公団 **Régie autonome des transports parisiens**
regarder	動	見る
rentrer	動	帰る, 戻る
restaurant	男	レストラン
réussir	動	(**à**とともに)〜に成功する
revue	女	雑誌
rien		(**ne**とともに)何も〜ない
riz	男	ご飯, 米
robe	女	ドレス, ワンピース
rose	形	ピンク色の
	女	バラ
rouge	形	赤い
rouler	動	(乗り物が)走る
rue	女	通り

S

sac	男	かばん, バッグ
saison	女	季節
salade	女	サラダ
salut		やあ
samedi	男	土曜日(に)
savoir	動	知っている
se coucher	動	寝る
se maquiller	動	化粧する
se raser	動	ひげを剃る
se réveiller	動	目を覚ます
semaine	女	週, 〜週間
septembre	男	9月

cent quarante-neuf

s'habiller	動	服を着る	
si		（否定疑問文に対する肯定の応答）はい	
s'il vous plaît		お願いします，どうぞ	
SNCF	女（略字）	フランス国有鉄道 **Société nationale des chemins de fer français**	
sœur	女	姉，妹，姉妹	
soif	男	のどの渇き，(**avoir**とともに)のどが渇いている	
soir	男	夕方，夜	
sortir	動	外出する，出かける	
sous		〜の下に(で)	
sport	男	スポーツ	
stylo	男	ペン	
sur		〜の上に(で)	
sûr(e)	形	確実な	

T

table	女	テーブル	
taille	女	（服の）サイズ	
tard		遅く	
taxi	男	タクシー	
téléphone	男	電話	
télévision (télé)	女	テレビ	
temps	男	時間，天候	
tennis	男	テニス	
TGV	男（略字）	フランスの新幹線 **train à grande vitesse** **en TGV** TGVで	
thé	男	紅茶，茶	
toilettes	女・複	トイレ	
tôt		早く	
tour	女	塔，タワー **la tour Eiffel** エッフェル塔	
tourner	動	曲がる	
tout de suite		すぐに	
tout droit		まっすぐに	
train	男	列車，電車 **en train** 列車で	
travailler	動	働く，勉強する	
très		とても，非常に	

U

UE	女（略字）	欧州連合(**EU**) **Union européenne**	
un peu		少し	
utiliser	動	使う	

V

valise	女	スーツケース	
vélo	男	自転車	
vendre	動	売る	
vendredi	男	金曜日(に)	
venir	動	来る，(**de(d')**+動詞の原形とともに)〜したところだ	
vérité	女	真実，本当のこと	
Versailles		ヴェルサイユ	
vert(e)	形	緑色の	
veste	女	上着，ジャケット	
viande	女	肉	
vin	男	ワイン	
visiter	動	訪れる，見物する	
vite		速く	
voici		ここに〜がある，これが〜だ	
voilà		あそこに〜がある，あれが〜だ	
voir	動	見る，会う	
voiture	女	自動車，車	
vouloir	動	〜したい，〜が欲しい	

W

week-end	男	週末	

Y

yen	男	円	

フランス語の数字（一覧） Les chiffres

1	un / une	アン／ユンヌ	51	cinquante et un / une	サンカンテアン／ユンヌ
2	deux	ドゥ	52	cinquante-deux	サンカントゥドゥ
3	trois	トロワ	53	cinquante-trois	サンカントゥトロワ
4	quatre	カトル	54	cinquante-quatre	サンカントゥカトル
5	cinq	サンク	55	cinquante-cinq	サンカントゥサンク
6	six	スィス	56	cinquante-six	サンカントゥスィス
7	sept	セット	57	cinquante-sept	サンカントゥセット
8	huit	ユイット	58	cinquante-huit	サンカンテュイット
9	neuf	ヌフ	59	cinquante-neuf	サンカントゥヌフ
10	dix	ディス	60	soixante	ソワサントゥ
11	onze	オーンズ	61	soixante et un / une	ソワサンテアン／ユンヌ
12	douze	ドゥーズ	62	soixante-deux	ソワサントゥドゥ
13	treize	トレーズ	63	soixante-trois	ソワサントゥトロワ
14	quatorze	カトールズ	64	soixante-quatre	ソワサントゥカトル
15	quinze	カーンズ	65	soixante-cinq	ソワサントゥサンク
16	seize	セーズ	66	soixante-six	ソワサントゥスィス
17	dix-sept	ディセット	67	soixante-sept	ソワサントゥセット
18	dix-huit	ディズュイット	68	soixante-huit	ソワサンテュイット
19	dix-neuf	ディズヌフ	69	soixante-neuf	ソワサントゥヌフ
20	vingt	ヴァン	70	soixante-dix	ソワサントゥディス
21	vingt et un / une	ヴァンテアン／ユンヌ	71	soixante et onze	ソワサンテオーンズ
22	vingt-deux	ヴァントドゥ	72	soixante-douze	ソワサントゥドゥーズ
23	vingt-trois	ヴァントトロワ	73	soixante-treize	ソワサントゥトレーズ
24	vingt-quatre	ヴァントカトル	74	soixante-quatorze	ソワサントゥカトールズ
25	vingt-cinq	ヴァントサンク	75	soixante-quinze	ソワサントゥカーンズ
26	vingt-six	ヴァントスィス	76	soixante-seize	ソワサントゥセーズ
27	vingt-sept	ヴァントセット	77	soixante-dix-sept	ソワサントゥディセット
28	vingt-huit	ヴァンテュイット	78	soixante-dix-huit	ソワサントゥディズュイット
29	vingt-neuf	ヴァントヌフ	79	soixante-dix-neuf	ソワサントゥディズヌフ
30	trente	トラントゥ	80	quatre-vingts	カトルヴァン
31	trente et un / une	トランテアン／ユンヌ	81	quatre-vingt-un / une	カトルヴァンアン／ユンヌ
32	trente-deux	トラントゥドゥ	82	quatre-vingt-deux	カトルヴァンドゥ
33	trente-trois	トラントゥトロワ	83	quatre-vingt-trois	カトルヴァントロワ
34	trente-quatre	トラントゥカトル	84	quatre-vingt-quatre	カトルヴァンカトル
35	trente-cinq	トラントゥサンク	85	quatre-vingt-cinq	カトルヴァンサンク
36	trente-six	トラントゥスィス	86	quatre-vingt-six	カトルヴァンスィス
37	trente-sept	トラントゥセット	87	quatre-vingt-sept	カトルヴァンセット
38	trente-huit	トランテュイット	88	quatre-vingt-huit	カトルヴァンユイット
39	trente-neuf	トラントゥヌフ	89	quatre-vingt-neuf	カトルヴァンヌフ
40	quarante	カラントゥ	90	quatre-vingt-dix	カトルヴァンディス
41	quarante et un / une	カランテアン／ユンヌ	91	quatre-vingt-onze	カトルヴァンオーンズ
42	quarante-deux	カラントゥドゥ	92	quatre-vingt-douze	カトルヴァンドゥーズ
43	quarante-trois	カラントゥトロワ	93	quatre-vingt-treize	カトルヴァントレーズ
44	quarante-quatre	カラントゥカトル	94	quatre-vingt-quatorze	カトルヴァンカトールズ
45	quarante-cinq	カラントゥサンク	95	quatre-vingt-quinze	カトルヴァンカーンズ
46	quarante-six	カラントゥスィス	96	quatre-vingt-seize	カトルヴァンセーズ
47	quarante-sept	カラントゥセット	97	quatre-vingt-dix-sept	カトルヴァンディセット
48	quarante-huit	カランテュイット	98	quatre-vingt-dix-huit	カトルヴァンディズュイット
49	quarante-neuf	カラントゥヌフ	99	quatre-vingt-dix-neuf	カトルヴァンディズヌフ
50	cinquante	サンカントゥ			
			100	cent	サン
			1000	mille	ミル

著者プロフィール

大場 静枝　Shizue OBA
早稲田大学国際言語文化研究所客員准教授．フランス・ポワティエ大学博士課程修了．
著書に，フランス語教科書『ケンとジュリー』『ケンとジュリー2』（共著，駿河台出版社）他がある．

佐藤 淳一　Jun'ichi SATO
筑波大学，作新学院大学などの講師を務める．筑波大学博士課程単位取得退学．
著書に，フランス語教科書『ケンとジュリー』『ケンとジュリー2』（共著，駿河台出版社）がある．

柴田 まり子　Mariko SHIBATA
文化学園大学，カリタス女子中学高等学校の講師を務める．パリ・ソルボンヌ（パリ第Ⅳ）大学修士課程修了．

CD付 フランス語Début！

2012年4月20日　第1刷発行

著　者　　大場 静枝，佐藤 淳一，柴田 まり子
発行者　　前田 俊秀
発行所　　株式会社 三修社
　　　　　〒150-0001　東京都渋谷区神宮前2-2-22
　　　　　TEL 03-3405-4511　FAX 03-3405-4522
　　　　　振替 00190-9-72758
　　　　　http://www.sanshusha.co.jp
　　　　　編集担当　松居 奈都
　　　　　営業担当　大野 由紀尋

印刷所　　広研印刷株式会社

©Shizue OBA, Jun'ichi SATO, Mariko SHIBATA 2012　Printed in Japan
ISBN978-4-384-05689-1 C0085

ブックデザイン・DTP　清岡 秀哉，織田 庸三
付属CD制作　中録サービス株式会社
吹込み　Vincent GIRY（ジル・ヴァンソン），原 良枝
写真提供　横島 朋子，井田 純代，横田 安弘，大場 英史，柴田 まり子

Ⓡ〈日本複写権センター委託出版物〉
本書の全部または一部を無断で複写複製（コピー）することは，著作権上での例外を除き，禁じられています．
本書をコピーされる場合は，事前に日本複写権センター（JRRC）の許諾を受けてください．
JRRC〈http://www.jrrc.or.jp　eメール：info@jrrc.or.jp　電話：03-3401-2382〉